책세상문고·고전의 세계

학자의 사명에 관한 몇 차례의 강의
Einige Vorlesungen über die Bestimmung des Gelehrte

책세상문고·고전의 세계

학자의 사명에 관한 몇 차례의 강의
EINIGE VORLESUNGEN ÜBER DIE BESTIMMUNG DES GELEHRTE

요한 G. 피히테 지음

서정혁 옮김

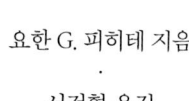

일러두기

1. 이 책은 요한 고틀리프 피히테Johann Gottlieb Fichte의 《학자의 사명에 관한 몇 차례의 강의 *Einige Vorlesungen über die Bestimmung des Gelehrten*》(Jena und Leipzig: Verlag Christian Ernst Gablers, 1794)를 완역한 것이다.
2. 임마누엘 헤르만 피히테Immanuel Hermann Fichte가 편집하고 발터 데 그루이터 사에서 1971년에 출간한 《피히테 전집 6권 *Fichte Werke, Band VI, Zur Politik und Moral*》과, 라인하르트 라우트Reinhard Lauth와 한스 야곱Hans Jacob이 편집하고 프리드리히 프롬만 출판사에서 1966년에 출간한 《피히테 전집 3권 *J. G. Fichte — Gesamtausgabe, Band 3, Werke 1794~1796*》을 참고했다.
3. 본문 옆에 따로 표시한 숫자는 발터 데 그루이터 사 판의 쪽수이다.
4. 본문 중 원저작에서 강조된 부분은 굵은 글씨체로 처리했다.
5. 이 책의 모든 주는 옮긴이주이다.
6. 주요 인명과 책명은 가능한 한 처음 한 회에 한하여 원어를 병기했다.
7. 단행본, 잡지는 《 》로, 논문이나 단편은 〈 〉로 표기했다.
8. 맞춤법과 외래어 표기는 1989년 3월 1일부터 시행된 〈한글 맞춤법 규정〉과 《문교부 편수 자료》에 따랐다.

학자의 사명에 관한 몇 차례의 강의 | 차례

들어가는 말 | 서정혁 6

제1장 읽기 전에 13
제2장 첫 번째 강의─인간 자신의 사명에 대하여 19
제3장 두 번째 강의─사회 속에서 인간의 사명에 대하여 37
제4장 세 번째 강의─사회 속에서 신분의 차이에 대하여 59
제5장 네 번째 강의─학자의 사명에 대하여 81
제6장 다섯 번째 강의─예술과 학문이 인류의 복지에 미치는 영향에 대한 루소의 주장 검토 103

해제─자유와 실천의 철학자, 피히테 | 서정혁 125
    1. 피히테의 생애와 저작 127
    2. 《학자의 사명에 관한 몇 차례의 강의》가 씌어지기까지 132
    3. 학자의 사명에 관한 강의 136
    4. 학자는 현실 비판자이자 현실 변혁자 151

주 154
더 읽어야 할 자료들 172
옮긴이에 대하여 180

들어가는 말

피히테Johann Gottlieb Fichte는 순수 이론적인 철학적 작업 뿐만 아니라 공개 강연도 누구 못지않게 자주 열었다.《학자의 사명에 관한 몇 차례의 강의》(1794)는 우리에게 상대적으로 많이 알려져 있는 대중적 저술《인간의 사명*Die Bestimmung des Menschen*》(1800)이나 〈독일 국민에게 고함Reden an die Deutsche Nation〉(1808)과 같은 연설보다 먼저 행해진 것이다. 피히테는 학자의 사명과 본질에 관해 예나 대학교, 에어랑엔 대학교 그리고 베를린 대학교에서 세 차례에 걸쳐 강연했다. 이 책은 1794년 예나 대학교에서 여름 학기 동안 한 강연을 토대로 한 것이다. 이처럼 피히테가 학자의 사명을 가장 먼저 공개 강연의 주제로 삼았으며, 이 주제에 대한 그의 관심이 끊이지 않고 계속 이어졌다는 사실은 그가 얼마나 이 주제를 중요하게 생각했는가를 짐작하게 한다.

1794년 무렵 독일은 프랑스 대혁명(1789)이라는 거대한 소용돌이의 여파로 너무나 혼란스러웠다. 프랑스 혁명은 독일 전역에도 예외 없이 파급되었고, 초기에 독일 지식인들은 봉건적 특권을 폐지하고 자유와 평등이라는 인간의 보편 권리를 선포한 프랑스 혁명을 열렬히 환영했다. 그러나 혁명이 점차 급진화하고 과격한 사태로 전개되자 독일 지식인들은 혁명에 대한 초기의 감격에서 점차 거리를 두기 시작했다. 당시 영국이나 네덜란드, 프랑스에 비해 경제적으로나 정치적으로 낙후되어 있던 독일은 호엔촐레른가의 프로이센과 합스부르크가의 오스트리아가 중심이 된 구독일 제국으로 분리되어 있었다.

독일의 지배 계급은 자국에 혁명의 여파가 미칠 것을 염려했고, 라인 강을 넘어 독일에 집결한 프랑스 망명 귀족들은 반혁명의 음모를 꾸미고 있었다. 이에 편승하여 오스트리아 황제 레오폴트 2세와 프로이센의 프리드리히 빌헬름 2세는 1791년 '필니츠Pillnitz 선언'으로 혁명 상황에 개입해 프랑스에서의 구질서 회복과 이에 대응할 열강의 공동 보조를 촉구했다.

이듬해 프랑스 국민 의회는 오스트리아에 전쟁을 선포했으며, 곧 프랑스와 프로이센, 오스트리아 간의 전쟁이 발발한다. 프로이센 군은 전쟁 초기에는 승리를 거두었으나, 나중에는 프랑스 혁명군이 동맹군 도시를 하나둘 점령해나갔다. 1793년 영국을 비롯하여 스페인, 로마 교황청, 포르투갈이 동맹에 가담함으로써 제1차 대(對) 프랑스 동맹이 결성되었으며, 전쟁은 유럽전으로 확대되기에 이른다.

피히테가 프랑스에 대한 독일 민족의 단결을 역설하면서 공개 강연을 하던 1800년대 초기에는 이미 프랑스가 독일의 거의 모든 지역을 점령한 상태였다. 이때는 이미 프랑스에서도 나폴레옹이 스스로 황제의 자리에 올라 혁명 정신이 변질되기 시작했다.

18세기에서 19세기로 이행되는 시기의 유럽에서 이러한 복잡한 상황을 유발한 결정적 원인은 국가마다 정도가 다른 혁명에서 찾을 수 있다. 프랑스에서는 계몽 사상이 아래에서부터 사회 변혁의 이론적 토대를 제공하는 시민 계급의 해방 사상으로 전개되었지만, 독일의 계몽 사상은 계급 해방보다는 낡은 체제를 수호하기 위한 지배 수단으로 이용된 측면이 강하다. 즉 독일의 계몽 사상은 사상과 정신의 자유를 국가 권위에 대한 복종과 결부시키려 했는데, 이는 구시대 정치 체제에 실천적으로 저항하는 자각적 의식을 가진 시민 계급이 충분히 성장하지 못했기 때문이다.

특히 초기 독일 계몽 사상가들은 사회 문제를 실천적으로 문제 삼지 않았으며 체제 비판은 정치 구도를 바꿀 만큼 과격하지 않았다. 이 시기의 계몽 사상가에 속하는 라이프니츠Gottfried Wilhelm Leibniz, 푸펜도르프Samuel Pufendorf, 볼프Christian Wolff 등은 형이상학적 종교론이나 경건주의 사상에 국한되어 있었다. 그러나 비록 정치적이며 실천적인 측면에서는 아니지만, 독일 계몽주의의 완성자이자 독일 관념론의 창시자인 칸트Immanuel Kant에게서 우리는 프랑스 혁명의 이론적 사상을 엿볼 수 있다.

칸트는 〈계몽이란 무엇인가에 대한 답변Beantwortung der Frage: Was ist Aufklärung?〉(1784)에서 결단과 용기의 결핍으로 인해 스스로 책임질 수 없는 미성숙한 상태에서 벗어나는 것을 계몽으로 규정하면서, 주체의 용기 있는 자기 결단 외의 어떤 권위에도 거부하는 자율성을 강조함으로써 프랑스 혁명의 핵심 내용을 이론적으로 전개했다. 그런데 아닌 게 아니라 피히테야말로 진정한 칸트주의자임을 자처하면서 칸트의 선험철학을 자신의 '지식학'으로 전개시킨 철학자이다.

이런 점에서 보면, 피히테는 현실적으로는 프랑스 혁명, 이론적으로는 그에 버금가는 칸트 철학에 양다리를 지탱하고 있다고 해도 과언이 아닐 것이다. 실제로 피히테는 학자의 사명에 대한 이 글보다 먼저 씌어진 《프랑스 혁명에 대한 대중의 판단을 바로잡기 위한 기고Beiträge zur Berichtung der Urteile des Publikums über die französische Revolution》(1793)에서 모든 관습에서 해방된 절대적 인권을 옹호하는 입장을 분명히 나타낸 바 있다. 프랑스 혁명과 칸트 철학, 이 양자가 바탕을 두고 있는 것이 바로 '자유'라고 할 때, 피히테의 철학 역시 자기 결단과 자기 결정에 기반한 '자유의 철학'이라고 할 수 있다.

학자의 사명을 규명하는 이 글이 짧고 단편적이며 피히테의 본격적인 철학 이론이라고 할 수 있는 지식학에 관련된 주요 저작들보다는 평이하지만, 이 글에서도 주체성과 자유의 문제는 가장 중요한 화두로 다루어진다. 그래서 독자는 이 글을 읽으면서 '과연 자유란 무엇인지, 주체적이란 어떤 것인지'를 되새겨 읽지 않으면 피히테의 주장을 충분히 소화하기 힘들 것이다.

학자의 사명을 주제로 하는 이 책은 다섯 차례의 강의로 구성되어 있다. 그 순서는 첫째, 인간 자신의 사명을 규정하고, 둘째, 사회 속에서 인간의 사명을 규정하며, 셋째, 사회 속에서 신분의 다양성을 논한다. 그 다음 네 번째 강의에서는 신분의 하나로서 학자의 사명에 대하여 논하고, 마지막 다섯 번째 강의에서는 루소Jean-Jacques Rousseau의 〈학문과 예술에 관한 담론Discours sur les sciences et les arts〉(1750)이라는 글을 중심으로 루소의 사상을 비판적으로 재검토한다. 이미 각 강의의 제목과 순서에서도 짐작할 수 있듯이, 피히테는 학자의 사명을 규정하기 위해 경험적, 귀납적 방법이 아닌 선험적, 연역적 방법을 따른다. 여기서 피히테는 루소라는 인물과 사상 사이에 빚어지는 모순을 드러내 보임으로써 루소가 범한 주장의 결점들을 비판한다.

이 글을 대하며 우리는 지금의 현실, 안으로는 민족 분열이라는 시대적 과오를 청산하지 못하고 있고, 밖으로는 여전히 강대국들의 눈치를 봐야 하는 상황을 돌이켜보게 된다.

어쩌면 이러한 내외적 정치 정황들보다 더 심각하고 안타까운 것은 하루하루 숨쉬고 꾸려나가는 우리 자신의 삶의 공간이 피폐해지고 병들어가고 있다는 사실일지도 모른다. 비단 환경 오염이나 생태계 파괴 같은 물리적이며 자연적인 궁핍만이 심각한 것이 아니다. 더 심각한 것은 정신적인 황폐화이다. 한 시대나 민족의 문화와 정신성은 돈으로는 사고 팔 수 없는 것이다. 그리고 문화나 정신성의 고귀함은 학문 전반의 옹골찬 발전 없이는 지켜질 수 없다.

기초 학문들이 푸대접을 받고 외면당하는 이 시기에, 과연 학자는 어떠해야 하며, 학자의 사명은 무엇인가를 다시 한 번 되새겨보지 않을 수 없다. 현재 우리는 인간을, 학자를 어떻게 규정하고 있는가? 돈과 효용성에 길들여진 단순한 지식인은 시장 바닥에 물건을 놓고 흥정하는 장사치와 다를 바 없다. 인간에게서 고귀함과 진지함을 빼앗아 가버린 시대, 이 시대의 암울한 현실 상황에 대처하는 학자 스스로의 책임 또한 묻지 않을 수 없을 것이다. 얼마 되지 않는 미끼에 이끌려 일관성 없는 교육 정책에 순응하고 스스로 결단 내리기를 포기한 타율적인 이들이 학자일 수는 없다.

학문의 본질은 진리와 자유이고, 자유는 인간의 본질이다. 따라서 인문학의 위기는 인간성의 위기이며, 인간 자유의 훼손이다.

200여 년 전 피히테는 자신의 시대적 현실 상황에서 학자의 사명을 되물어보았다. 이제 이 시대 이곳에서 학문하는 한 사람으로서 나는 묻는다. "과연 나는 학자이며 학자로서의 사명을 다하고 있는가?"

옮긴이 서정혁

제1장

읽기 전에

이 강의는 우리와 함께 공부하는 많은 젊은이들 앞에서 지난 여름 학기에 행한 것입니다.[1] 이 강의의 대부분은 저자가 완성해 적절한 시기에 대중에게 공개하려고 하는 전체적인 작업에 접근하는 관문이라고 할 수 있습니다.[2] 이 강의안에 대해 정당한 평가를 하거나 이해하는 데는 그다지 도움이 되지 않는 외적 동기[3] 때문에, 저자는 이 첫 번째 다섯 강의에 쓰인 강의 각각을 따로따로 인쇄하도록 했고, 한마디도 바꾸지 않고 처음 말한 대로 인쇄하도록 했습니다. 이러한 사정으로 인해 생긴 어색한 표현들에 대해 양해를 구합니다. 다른 일에 신경을 쓰다 보니 이 글들에서는 원한 만큼의 완성도를 기할 수가 없었습니다.[4] 사람들은 강의에서 낭독을 하고 구두로 보완합니다. 출간하기 위해 낭독한 것을 고치는 것은 이 책을 출간하는 목적에 어긋나는 일이었습니다.

이 강의는 여러 가지 주장을 하고 있는데, 이것이 모든 독자들의 마음에 들지는 않을 것입니다. 그러나 그 때문에 저자를 비난해서는 안 됩니다. 왜냐하면 연구할 때 어떤 것이 마음에 드는지 안 드는지를 고려한 것이 아니라 이것이 진리일 수 있는지의 여부만을 고려했기 때문입니다. 그리고 저는 최대한의 지식을 동원하여 진리로 간주할 수 있는 것만을 표현하려고 했기 때문입니다.

그런데 이 강의의 내용이 전혀 쓸데없는 것이라고 주장하는 사람들도 있을 수 있습니다. 즉 그들은 이 저서의 주장이 실행될 수도 없으며 현실 세계에서는 아무것도 그 주장에 어울리지 않을 것이기 때문에, 이 글이 무용하다고 주장할 수도 있습니다. 실로 공정하고 객관적이며 진지한 대다수 사람들도 그렇게 판단하지나 않을지 대단히 두렵습니다. 왜냐하면 어떤 시대를 막론하고 이념으로 고양될 수 있는 사람은 극소수였음에도 불구하고, 제가 감히 그 이유를 밝힐 수는 없습니다만, 그 수는 어느 시대를 막론하고 지금보다 결코 적지는 않았기 때문입니다. 사람들은 일상적인 경험이 우리 주변에 쳐놓은 울타리 속에서 누구보다 더 보편적으로 사유하고 더 바르게 판단하다가도, 잠시라도 그 울타리를 벗어나게 되면 대부분은 매우 혼란스러워하고 혼동해버립니다. 이런 사람들의 내부에 언젠가 꺼져버린 고귀한 정신의 심지에 다시 불을 붙일 수 없다면, 우리는 그들이 그와 같은 일상의 영역 속에 조용히 머물도록 해주어야 하고, 일상의 영역에서 그들이 유용하고 반드시 필요한 존재인 한 그 영역 속에서 그들 나름대로의 가치가 유지되도록 해주어야만 합니다. 그러나 일상적인 경험의 울타리 속에 갇혀 있는 그들이 이를 수 없는 모든 것을 자신의 위치로 끌어내릴 것을 요구할 경우, 즉 예를 들어 그들이 모든 출판물을 요리책이나 산술책 또는 복무 규칙 조항으로 사용할 것을 요구하면서 이외에 실생활에 유용하지 않은 것들을 비방하는 경우라면, 그들은 스스로 커다란 불의를 저지르고 있는 것입니다.

우리도 이상(理想)이 현실 세계에 나타날 수 없다는 사실을 일상적인 경험의 울타리 속에 갇혀 있는 그들만큼이나 잘 알고 있으며, 아마 우리가 그들보다 더 잘 알고 있을지도 모릅니다. 단지 우리가 주장하는 것은 이상에 따라 현실이 판정되어야 하고 이상으로 향하는 힘을 자신 속에서 감지하는 사람들에 의해 현실이 변화되어야 한다는 것입니다. 이상을 지향하는 힘을 자신 속에서 감지하는 사람들이 일단 그러한 사람으로 존재하고 있는 한, 설령 그들이 이러한 주장을 납득할 수 없다고 하더라도 손해 볼 것은 아무것도 없습니다. 그리고 인류 역시 그들이 그러한 사실을 납득하지 못했다고 해서 손해를 보는 것은 아닙니다. 그러나 이러한 사실을 통해 즉각적으로 분명해지는 것은, 인류를 고귀하게 만드는 계획을 세울 때 일상적인 경험의 울타리 속에 갇혀 있는 그들만을 믿을 수는 없다는 것입니다. 인류는 자신의 길을 주저 없이 헤쳐나갈 것입니다. 자비로운 본성이 일상적인 경험의 울타리 속에 갇혀 있는 그들을 돌봐주기를, 그리고 적절하게 고난과 기쁨과 유익한 양식과 활력의 멈추지 않는 순환과 영민한 사고를 그들에게 부여해주기를 간절히 바랍니다!

예나에서, 1794년 미카엘 축제 때.[5]

제2장
첫 번째 강의

인간 자신의
사명에 대하여

여러분도 제가 오늘 시작하는 이 강의의 의도를 부분적으로는 알고 있을 것입니다. 저는 아래의 질문에 답하고자 하며, 더 나아가서는 여러분이 다음의 질문에 답할 수 있도록 어떤 동기를 부여해주고자 합니다. 우리가 대답하고자 하는 질문들은 바로 다음과 같습니다. 과연 '학자6의 사명7이란 어떤 것인가?', '학자가 전 인류와 맺는 관계나 전 인류 속에서 개별적인 상황들과 맺는 관계는 어떤 것인가?', '학자는 어떤 수단으로 자신의 숭고한 사명을 가장 확실하게 완수할 수 있는가?' 하는 것입니다.

학자는 학자가 아닌 다른 사람과 대비되는 한에서만 학자입니다. 즉 학자라는 개념은 다른 사람과 비교되거나 사회와 관계를 맺는 가운데 발생합니다. 여기서 말하는 사회8는 단지 국가만이 아니라 일반적으로 이성적인 인간들의 모든 집합체를 의미하는데, 이 이성적인 인간들은 어떤 장소에 함께 살고 이를 통해 서로 관계를 맺고 있는 사람들입니다.

따라서 학자가 학자인 한, 학자의 사명은 사회 안에서만 생각될 수 있습니다. 그래서 '학자의 사명은 어떤 것인가?'라는 질문에 대한 대답은 다른 질문에 답하기를 요구합니다. 이 다른 질문이란 바로 '사회 속에서 인간의 사명은 어떤 것인가?'[9]입니다. 바로 이 질문에 대한 대답은 다시 더 높은 단계의 또 다른 질문에 답하기를 요구합니다. 그 질문은 다음과 같습니다. '인간 자신의 사명은 어떤 것인가?'[10] 여기서 인간은 단지 그가 인간으로서 인간 일반의 개념에 따라 생각될 경우의 인간을 의미합니다. 그리고 인간이라는 개념에 필연적으로 포함되지 않는 모든 관계를 고려하지 않고 인간 자체만을 독자적으로 파악할 때의 인간을 의미합니다.

여러분 중 많은 분은 이미 오래전에 알고 있어서 의심하지는 않겠지만, 다른 사람들은 희미하게만 감지할 뿐 강하게 느끼지는 못하고 있는 다음과 같은 사실을 이제 저는 어떤 증명도 거치지 않고 여러분에게 이야기해야겠습니다. 그것은 모든 철학과 인간의 모든 사유와 학설 그리고 여러분의 전 학업과 특히 제가 여러분에게 가르칠 수 있을 법한 모든 것, 그것의 목적은 바로 방금 제기된 물음에 대답하는 것, 특히 마지막 최상의 물음, 즉 '인간 일반의 사명은 어떤 것이며 어떤 수단으로 인간은 자신의 사명을 가장 확실하게 완수할 수 있는가?'라는 질문에 대답하는 것입니다.

더구나 이러한 사명을 감정으로 포착할 수 있는 가능성을 마련하기 위해서가 아니라 이 사명을 명확하고 분명하며 완전하게 통찰하기 위해서는, 온전한 철학, 특히 철저하게 근본을 따지고 남김없이 검토하는 철학이 요구됩니다. 인간 자신의 이러한 사명이 오늘 강의의 주제이기도 합니다. 이 시간을 통해서는 인간의 근본이 되는 측면에서 인간의 사명에 대해 제가 말씀드리려는 바를 충분하게 이끌어낼 수 없으리라는 것을 청중 여러분도 알고 계실 줄 압니다. 이와 같은 것은 제가 이 시간에 철학 전체를 논하지 않는다면 충분히 연역되지는 않을 것입니다. 그런데 저는 인간의 사명에 대해 제가 말하려는 바를 여러분의 감정에 호소해서 개진할 수도 있습니다. 동시에 여러분이 잘 알고 계시다시피, 제가 공개 강연에서 대답하려는 질문, 즉 '학자의 사명은 어떤 것인가?'라는 질문이나 또는 적절한 시기에 논하겠지만, '최고로 진실한 인간의 사명이라는 모든 철학 연구의 **최종** 과제는 무엇을 의미하는가?' 또는 모든 철학 연구에 부과된 **첫 번째** 과제라고 할 수 있는 '인간 일반의 사명은 어떤 것인가?'와 같은 질문에 대한 대답을 저는 제 강의에서 철저히 검토해보려고 하며, 오늘은 짤막하게나마 그 질문의 대답을 대략적으로 검토해보고자 합니다. 이제 주어진 질문에 답해보기로 하죠.

인간에게서 본래적으로 정신적인 면, 즉 즉자적이며 독자적인 것으로 자기 외부의 어떤 것과도 관계하지 않는 순수 자아[11]라는 것은 어떤 것일까요? 그런데 이 질문에는 답할 수가 없습니다. 그리고 정확히 말하자면 이 질문은 질문 자체에 모순을 안고 있습니다.[12] 순수 자아가 비아das Nicht Ich(非我)의 산물이라는 것은 진실이 아닙니다. 자아 외부에 있으며 자아와 구별되고 자아에 대립되는 모든 것을 저는 비아라 부릅니다. 그리고 순수 자아가 비아의 산물이라는 것은 진실이 아닐 거라고 생각합니다. '순수 자아는 비아의 산물이다'라는 명제는 초월적 유물론[13]을 표현해주는 명제지만, 이 초월적 유물론이라는 것은 전적으로 이성에 어긋나는 것입니다. 자아는 결코 자기 자신을 의식하지도 못하며 경험적 규정들 속에 처해 있는 것처럼 의식될 수도 없다는 것은 확실합니다. 그리고 이 경험적 규정들이 필연적으로 자아 밖의 어떤 것을 전제한다는 사실도 확실히 진실입니다. 이러한 사실들은 적절한 곳에서 엄밀하게 증명될 것입니다. 인간이 자신의 육체라고 부르는 육체는 이미 순수 자아 밖의 어떤 것입니다. 이처럼 육체와 결합하지 않았다면 인간은 결코 한 인간일 수가 없을 것이며 결코 사유할 수 없는 어떤 것일 겁니다. 만일 우리가 결코 사유할 수 없는 것마저도 하나의 어떤 것이라고 부를 수가 있다면 그렇게 칭할 수 있을 겁니다. 그런데 이 강의에서든 다른 자리에서든 인간을 그 자체로 독립시켜 고찰한다는 것은, 그를 그의 순수 자아 밖의 무엇과도 연관시키지 않고 단순히 순수 자아로 고찰한다는 뜻이 결코 아닙니다. 인간 자체를 독립적으로 고찰한다는 것은, 오히려 그와 동등한 다른 이성적 존재자와 맺는 관계를 우선은 고려하지 않고 인간 그 자체를 고찰한다는 것을 의미합니다.[14]

인간을 이렇게 규정할 경우 인간의 사명은 무엇입니까? 인간이라는 개념에서 보면, 우리에게 익숙한 존재자[15] 중 비인간에게 어울리지 않고 인간인 우리에게 어울리는 것은 도대체 무엇입니까? 도대체 우리가 우리에게 익숙한 존재자 중 인간이라고 부르지 않는 다른 것들과 인간을 구별해주는 것은 무엇입니까?

저는 어떤 긍정적인 것에서 출발하고 싶은데, 여기서는 절대적으로 '나는 있다'와 같은 긍정적인 명제에서 시작할 수가 없기 때문에, 인간 감정 속에 근절되지 않고 남아 있는 하나의 명제를 가설로 설정해야만 합니다. 가설로 설정된 이 명제는 앞선 철학의 결과이며 엄밀하게 증명되어야 할 것입니다. 그리고 저는 제 강의에서 이것을 철저하게 증명할 생각인데, 그 명제는 다음과 같습니다. '그토록 확실하게 인간에게 이성이 있다면 인간이 인간 자신의 고유한 목적이다. 즉 어떤 다른 것이 있기 때문에 인간이 있지 않고, **인간은 인간이 있기 때문에 단적으로 있다**. 인간의 단적인 존재는 인간 존재의 최종 목적이며, 동시에 우리는 모순 없이는 인간 존재의 어떤 목적에 대해서도 물음을 제기할 수가 없다.' 인간은 그가 존재하므로 존재합니다. 인간이 단적으로 이성적 존재자로 고찰되는 한, 절대적 존재, 즉 자기 자신으로 인한 존재의 이러한 특성이 인간의 특성이자 사명입니다.

그러나 인간에게는 절대적 존재, 단적으로 존재함[16]만이 속하지는 않습니다. 인간에게는 또한 이 존재의 특수한 사명도 속합니다. 즉 **인간은 단적으로 있지만은 않고 어떤 것으로 있습니다.**[17] 인간은 단순히 '내가 있다'라고만 말하지 않고, 거기에 '나는 이러저러하다'라는 말을 덧붙입니다. 인간 일반이 존재하는 한 인간은 이성적 존재입니다. 따라서 '인간이 어떤 것으로 존재하는 한, 그는 도대체 무엇인가?'라는 질문에 우리는 답해야만 합니다.

우선 인간이 어떤 무엇으로 존재한다는 것은 그가 단적으로 인간으로 있기 때문이 아니라, **인간을 제외하고도 어떤 것이 있다**는 것입니다. 우리가 이미 위에서 말했고 앞으로 증명할 것이지만 경험적 자기 의식, 다시 말해 우리 속에 있는 어떤 사명 의식은 비아를 전제하지 않고서는 설명이 불가능합니다.[18] 이 비아는 우리가 감성이라 부르는 인간의 수동적 능력에 영향을 미치기 마련입니다. 그래서 인간이 어떤 것인 한, 인간은 감성적 존재입니다. 그러나 위에서 말한 대로 인간은 동시에 이성적 존재이기도 합니다. 그리고 인간의 이성은 감성에 의해 지양되지 않으며, 감성과 이성이라는 이 양자는 서로 양립해야 합니다. 앞에서 말한 '인간은 존재하기 때문에 존재한다'는 명제는 감성과 이성의 이러한 결합에서 다음과 같은 명제, 즉 '인간은 단적으로 그가 존재하기 때문에 그가 그 어떤 것으로 존재하기 마련이다'라는 명제로 바뀌게 됩니다. 이 명제는 '인간의 모든 측면들은 그의 순수 자아, 그의 단적인 나임[19]과 연관되어야만 한다'는 것을 의미합니다. 또한 이 명제는 '인간은 단적으로 인간인바 하나의 자아이기 때문에 인간인바의 모든 것임'[20]을 의미합니다. 그리고 인간은 하나의 자아이기 때문에, 결코 인간이 아닐 수 있는 것이 되어서는 안 됩니다. 지금까지도 여전히 명확하지 않은 공식으로만 여겨져왔던 이러한 사실들이 여기서 곧 해명될 것입니다.

순수 자아는 오직 부정적으로만, 다시 말해 비아의 반대로서만 표상될 수 있습니다. 여기서 비아의 성격은 다양성이며, 순수 자아는 동일성으로 표상됩니다. 순수 자아는 항상 하나로 동일한 것이며 결코 다른 어떤 것이 되지 않습니다. 따라서 앞에서 말한 공식은 '인간은 항상 자기 자신과 일치해야 한다. 인간은 결코 자신과 모순되어서는 안 된다'라고 다시 정리할 수 있을 것입니다. 즉 순수 자아는 결코 자기 자신과 모순될 수 없습니다. 왜냐하면 순수 자아라는 것 속에는 어떤 상이함도 없으며, 이 순수 자아는 항상 하나로 동일하기 때문입니다. 그러나 순수 자아와는 반대로 외적 사물들에 의해 규정되어 있고 규정될 수 있는 경험적 자아는 자기 모순적일 수 있습니다. 그리고 자기 모순적일 때마다, 이 경험적 자아는 순수 자아의 형식에 따라서 또는 자아 자신에 의해서 규정되는 것이 아니라 외적 사물들에 의해 규정된다는 사실은 이 경험적 자아가 자기 모순적이라는 사실에 대한 확실한 징표입니다. 그러나 자아는 이처럼 외적 사물에 의해 규정되어서는 안 됩니다. 왜냐하면 인간은 스스로 목적이기 때문입니다. 즉 인간은 자기 스스로를 규정해야만 하며 결코 낯선 것에 의해 규정되어서는 안 됩니다. 인간은 자신의 존재 그 자체로 존재해야 합니다. 왜냐하면 인간 자신이 그렇게 되기를 원하고 또한 마땅히 그래야 하기 때문입니다. 이와 달리 경험적 자아는 영원히 타자에 의해 규정될 수 있을 것입니다. 그래서 덧붙여 말하자면, 저는 도덕론의 원칙을 다음과 같은 문장으로 표현하고자 합니다. '네 의지의 준칙들을 너 자신에게 영원한 법칙으로 적용할 수 있도록 행위하라.'[21] 따라서 모든 유한한 이성적 존재자의 최종 사명은 절대적 일치성, 항구적인 동일성, 자기 자신과의 완전한 합치입니다. 이러한 절대적 동일성이 순수 자아의 형식이자 유일하게 참된 형식입니다. 더구나 이와 같은 순수 자아의 참된 형식의 표현은 동일성을 사유할 수 있다는 점에서 **인식됩니다**. 그와 같은 사명이 영구적으로 사유될 수 있다는 사실은 자아의 순수 형식에 적합합니다. 우리는 이러한 사실을 불충분하게 이해하거나 편파적으로 이해하지는 않습니다. 도덕론에서만 논의될 수 있는 것처럼 단순히 의지가 자기 자신과 지속적으로 일치해야 할 뿐만 아니라, 그 자체로는 단지 하나의 능력일 뿐이며 다양한 대상들에 이 단 한 가지 능력을 적용할 때만 구별되는 인간의 모든 능력, 이 모든 능력이 완전히 같도록 일치해야만 합니다.

그러나 우리 자아의 경험적 규정들은 대부분 우리 자신에게 의존하지 않고 오히려 우리 외부의 어떤 것에 의존하고 있습니다. 의지는 그 영역이나 관계할 수 있는 대상의 범위가 절대적으로 자유롭습니다. 그리고 대상은 의지의 이러한 영역과 범위에 따라 우리에게 인지됩니다. 이러한 사실에 대해서는 적절한 때에 엄밀하게 증명해보일 것입니다. 그러나 감정과 감정을 전제하는 표상은 자유롭지 못하며 오히려 자아 밖의 사물들에 의존하려 합니다. 이때 자아 밖에 있는 사물들은 동일성이 아닌 다양성의 성격을 띱니다. 그럼에도 불구하고 자아가 이러한 상황 속에서도 지속적으로 자기 자신과 일치해야만 한다면, 자아는 틀림없이 인간의 감정과 표상이 의존하고 있는 사물 자체에 직접적으로 영향을 주려고 할 것입니다. 즉 인간은 이 사물들 자체를 변형시키고 자신의 자아의 순수 형식과 사물을 일치시키려 할 것입니다. 사물에 대해서 우리가 가지고 있는 필연적인 개념들에 따라, 마땅히 그러해야 하는 것처럼 그렇게 사물을 변형시키는 것은 단순한 의지로는 불가능합니다. 이렇게 사물들을 변형시키기 위해서는 훈련을 통해서 획득되고 고양된 숙련성이 필요합니

다.22

　더구나 중요한 점은 경험적으로 규정될 수 있는 우리 자아 자체가 어떠한 방해도 받지 않고 이 자아에 미치는 사물의 작용에 의해서 외부의 변화를 받아들인다는 사실입니다. 이때 우리는 사물들이 가하는 작용에 우리 자신을 아무런 편견 없이 내맡기게 됩니다. 그런데 여기서 우리가 겪는 변화는 우리의 순수 자아의 형식과 일치할 수가 없습니다. 왜냐하면 변화는 외부의 요인으로 인해 생기기 때문입니다. 이러한 변화를 근절하고 다시 우리 자신에게 근원적인 형태를 부여하기 위해서는 단순한 의지만으로는 부족합니다. 그렇게 하기 위해서는 훈련을 통해 얻어진 더 높은 숙련성이 필요합니다.

　이러한 숙련성은 한편으로는 우리 이성과 자발성의 감정이 성숙되기 이전에 발생한 우리 자신의 결점투성이의 경향들을 억제하고 근절함으로써 획득될 수도 있고, 다른 한편으로는 우리 밖의 사물들을 변형시키고 우리의 개념에 따라 변화시킴으로써도 획득될 수 있는데, 이렇게 획득된 숙련성을 저는 문화23라 부릅니다. 그리고 저는 이 숙련성을 갖춘 특정한 발달 단계도 문화라고 부릅니다. 문화는 단계만 다를 뿐입니다. 그렇기 때문에 무한히 많은 문화의 정도가 있습니다. 그리고 문화는 자기 자신과의 완전한 합치라고 하는 인간의 궁극 목적을 위한 최종적이며 최상의 수단입니다. 그런데 문화가 최종적이며 최상의 수단으로 간주될 수 있는 것은 인간이 이성적이고 감성적인 존재일 경우에 해당합니다. 인간이 이성적이고 감성적인 존재가 아니라 단순히 감성적인 존재로만 간주될 경우, 문화는 인간의 궁극 목적을 위한 수단이 아니라 그 자체가 최종 목적이 되어버립니다. 감성은 도야되어야만 합니다. 감성으로 무엇인가가 계획대로 되도록 하는 것이 곧 최상의 최종적인 수단입니다.[24]

지금까지 언급한 것의 최종적인 결과는 다음과 같습니다. 즉 인간이 자기 자신과 완전히 일치해야 하고, 이처럼 인간이 자기 자신과 일치할 수 있기 위해서 인간 외의 모든 사물과 그 사물들에 대한 필연적인 실천적 개념들이 일치해야 한다는 것입니다. 여기서 말하는 실천적 개념은 사물이 어떠해야만 하는가를 규정하는 개념들입니다. 이와 같은 두 가지 일치가 인간의 최종적인 최상의 목표입니다. 이러한 일치는, 제가 여기서 비판철학의 용어로 표현해보면, 대체로 칸트[25]가 **최고선**das höchste Gut이라고 칭했던 바로 그것이라고 할 수 있습니다.[26] 이와 같은 최고선 자체는 위에서 지적한 대로 결코 두 부분으로 나누어져 있지 않고 완전히 단일합니다. 즉 최고선은 **이성적 존재자의 자기 자신과의 완전한 일치**입니다. 그러나 자신 밖의 사물에 의존하는 이성적 존재자와 관련해서 보자면, 이 최고선은 이중적으로 고찰되어야 합니다. 즉 한편으로 최고선은 영원히 타당한 의지의 이념과 의지 자신의 일치, 다시 말해 **도덕적 선**으로 고찰되어야

하고, 다른 한편으로 최고선은 우리 밖의 사물과 우리 의지의 일치, 다시 말해 행복으로 고찰되어야 합니다. 여기서 의지는 우리의 이성적인 의지를 의미합니다. 따라서 잠깐 상기해보자면, 정말로 진실이라고 할 수 있는 것은 인간은 행복을 욕망함으로써 도덕적 선에 대한 사명을 가지게 되는 것이 아니라, 오히려 인간의 도덕적 본성을 통해서만 비로소 행복 자체의 개념과 행복에 대한 욕망이 생긴다는 사실입니다. 행복하게 하는 것이 선한 것이 아니라, 선한 것만이 행복하게 하는 것입니다.[27] 도덕성이 없으면 어떤 행복도 가능하지 않습니다. 즐거운 감정[28]은 행복 없이도 있을 수 있으며 심지어 행복과 반대되는 상황에서도 가능합니다. 그리고 우리는 이후의 적절한 곳에서 왜 즐거운 감정이 행복이 아니며 종종 행복과 모순되는지를 살펴볼 것입니다.

비이성적인 모든 것을 자신에게 종속시키고 고유의 법칙에 따라 비이성적인 모든 것을 자유롭게 지배해나가는 것, 이것이 바로 인간의 궁극적인 최종 목적입니다. 인간은 이러한 궁극적인 최종 목적에는 완전하게 이를 수 없을 뿐만 아니라 영원히 이를 수 없을 것입니다. 즉 인간이 인간이기를 중단하지 않는 한 그리고 인간이 신이 되지 않는 한 그럴 수 없을 것입니다. 인간이 최종적인 목표에 이를 수 없으며 그 목표를 향한 도정(道程)이 끝이 없을 것이라는 사실은 바로 인간이라는 개념 자체 내에서 성립하는 것입니다.[29] 따라서 이 최종적인 목표에 이르는 것 자체가 인간의 사명은 아닙니다. 그러나 인간은 이 목표에 점점 더 가까이 다가갈 수 있으며 다가가야만 합니다. 따라서 이 목표에 무한히 접근해가는 것이 인간의, 다시 말해 '이성적이지만 유한하고' '감성적이지만 자유로운' 존재자인 인간의 진정한 사명입니다. 우선 그 말이 뜻하는 최상의 의미에서 '자기 자신과의 완전한 일치'를 완전성이라고 부른다면, 완전성[30]은 인간이 이를 수 없는 최상의 목표입니다. 그러나 끝없이 완성해나가는 것이 인간의 사명입니다. 인간은 스스로 더욱 인륜적으로 개선되기 위해 현존하며, 자기 주변의 모든 것을 도덕적으로 만들고, 그가 사회 내에서 고찰될 경우에도 도덕적으로 더 개선됨으로써 자기 자신이 더욱 기쁨에 충만하기 위해 현존합니다.[31]

인간을 고립되고 자신과 동등한 이성적 존재자들과의 관계가 단절된 존재로 고찰한다면, 지금까지 말한 것이 인간의 사명일 것입니다. 그런데 우리는 고립되어 있지 않습니다. 그리고 오늘은 이성적 존재자들이 보편적으로 서로 결속함을 고찰하는 것에 대해 집중적으로 강의할 수는 없지만, 그래도 저는 이 같은 결속에 잠깐이나마 시선을 돌리려고 합니다. 그리고 저는 오늘 여러분과 이러한 결속을 맺고자 합니다. 제가 오늘 여러분에게 간략히 말씀드린 숭고한 사명은, 제가 희망에 찬 수많은 젊은이들 속에서 연설하면서 그들이 분명하게 통찰할 수 있도록 강조한 것입니다. 저는 그 사명을 여러분의 전 생애 동안 가장 탁월한 목적과 지속적인 길잡이로 만들어주고 싶습니다. 이 젊은이들은 자신이 맡은 영역에서 인류에게 가장 강력한 영향을 줄 사명을 다시 부여받았으며, 언젠가는 좁거나 넓은 영역에서 가르침이나 행동 아니면 이 둘 모두를 통해 그들 스스로 지녔던 생각을 다시 더 넓게 펼쳐나갈 사명을 부여받았고, 끝으로 동시대를 살고 있는 형제와 같은 인류를 더 높은 문화의 단계로 끌어올릴 사명을 부여받았는데, 이러한 젊은이들 속에서 저는 그렇게도 숭고한 사명을 부각시킨 것입니다. 그리고 아직 태어나지 않은 수백만의 사람들의 모습을 분명히 떠올리게 해주는 젊은이들 속에서 저는 이런 사명을 부각시켰습니다. 만일 여러분 중 몇 사람이 저를 관대하게 생각해주신다면, 저는 이러한 저의 특수한 사명의 존엄을 감지하고, 다음을 저의 숙고와 학설에서 최상의 목적으로 삼을 것입니다. 즉 이 최상의 목적이라는 것은, 바로 여러분 속에서 그리고 여러분이 일상에서 접하게 될 모든 사람들 속에서 여러분 자신의 인격을 도야하고 인류를 고양시키는 데 기여하는 것입니다. 따라서 저는 이 목표에 관계되지 않은 철학과 학문은 모두 쓸모없다고 생각합니다. 여러분이 저에게 이런 사실을 말할 자격이 있다고 판단해주신다면, 여러분은 저의 의지를 전적으로 옳게 판단하시는 겁니다. 제 능력이 이와 같은 희망에 어느 정도로 부합하는가 하는 것은 전적으로 저 자신에게 달려 있는 문제만은 아닙니다. 부분적으로 그것은 우리 능력 속에 없는 상황과도 관련이 있습니다. 또한 청중 여러분, 부분적으로는 제가 간청하는 여러분의 주의력에도 달려 있습니다. 그리고 제가 매우 기쁘게 확신하면서 의지하는 여러분의 개인적 노력에도 달려 있고, 저에 대한 여러분들의 신뢰에도 달려 있습니다. 저는 이렇게 믿으며 행동을 통해 그 신뢰에 부응하려고 합니다.

제3장
두 번째 강의

사회 속에서
인간의 사명에 대하여

철학이 학문이나 지식학³²이 될 수 있기 위해서는 그 전에 우선 철학이 대답해야만 할 몇 가지 물음이 있습니다. 이 물음은 단호한 독단론자들이 모두 망각해버린 물음들이며, 회의론자들도 단지 무분별하다거나 악의가 있다거나 무분별하면서도 악의가 있다는 비난을 받을 위험을 무릅써야만 암시해줄 수 있는 물음입니다.

제가 경솔하지 않고 천박하게 처신하려 하지 않는다면 그리고 제가 부딪힌 어려움들을 은폐하지 않고 침묵으로 그냥 지나쳐버리려 하지 않는다면, 이 물음이 지닌 좀더 근본적인 것을 알 수 있다고 생각합니다. 저는 이 공개 강의에서 아직 거의 다루어지지 않은 이 많은 물음을 완전하게 밝혀내지는 못하겠지만, 그래도 이 문제들을 다루어야 하는 것이 제 운명이라고 말하고 싶습니다. 이 강의는 더 폭넓게 숙고하기 위한 암시 정도나, 더 폭넓은 가르침을 주기 위한 훈계 정도이기 때문에, 오해되거나 곡해될 위험이 있습니다. 저는 더 폭넓은 숙고나 가르침을 통해 문제되는 것을 지금보다 철저하게 검토할 수 있을 겁니다. 어떤 노력이나 숙고도 하지 않고 이른바 건전하다고 하는 단순히 상식적인 인간의 오성에 도움을 받아 어려움을 모두 쉽게 해결하는 수많은 통속 철학자들이 여러분 가운데에 있다면, 저는 쉽게 이 강좌에 발을 들여놓지 못했을 것입니다.

이 질문 가운데 특히 다음의 두 질문에 해당되는데, 아무리 다른 질문에 답한다고 해도 이 두 질문에 답하기 전에는 어떤 근본적인 자연권Naturrecht도 불가능할 것입니다. 우선 첫 번째 질문은 '인간은 어떤 권리로 물질 세계의 특정한 부분을 그 자신의 육체라 부르는가?' 하는 것입니다. 육체는 자아에 대립하는데, 그럼에도 불구하고 어떻게 인간은 자신의 육체를 자신의 자아에 속하는 것으로 고찰할 수 있을까요? 그리고 두 번째 질문은 '인간 자신과 동등한 존재자는 인간 자신의 순수한 자기 의식에 직접적으로 주어지지 않는데, 그럼에도 불구하고 어떻게 인간은 자신과 동등한 이성적 존재자가 자신 밖에 있다고 가정하고 인정할 수 있는가?' 하는 것입니다.

오늘 저는 사회 속에서 인간이 부여받은 사명을 확정해야 합니다. 그리고 이 과제를 해결하기 위해서는 방금 제기된 후자의 질문, 즉 '인간이 자신의 순수한 자기 의식 속에 주어지지 않는 다른 이성적 존재자의 존재성을 어떻게 인정할 수 있는가?'라는 문제에 먼저 답해야 합니다. 저는 사회를 이성적 존재자 간의 연관 관계라고 부르겠습니다. 현실적으로 우리 밖에 이성적 존재자들이 있다는 것을 전제하지 않으면 사회라는 개념은 있을 수 없습니다. 그리고 비이성적이어서 사회에 속하지도 않는 다른 모든 존재자와 이성적 존재자들을 우리가 구별할 수 있는 특징적 징표가 없다면 사회라는 개념은 불가능합니다. 그런데 우리는 어떻게 '이성적 존재자들이 있다'고 전제할 수 있습니까? 그리고 이성적 존재자들이 지니는 특징적 징표들은 도대체 어떤 것들입니까? 이것이 제가 우선적으로 대답해야만 하는 물음입니다.

아직까지 엄밀한 철학적 탐구에 익숙하지 않은 사람들은, "우리는 우리와 동일한 이성적 존재자들이 우리 밖에 있음을 경험으로 알게 되었고, 이성적 존재자와 비이성적인 존재자를 구분하는 특징들도 경험으로 알게 되었다"라고 대답할 것입니다. 그러나 이러한 대답은 피상적이고 만족스럽지 못하며, 우리의 질문에 대한 대답이 될 수가 없고 동문서답하는 꼴이나 마찬가지일 것입니다. 이렇게 적절하지 못한 대답이 바탕을 두고 있는 경험은 유아론자(唯我論者)들이 겪는 경험입니다. 그래서 이 유아론자들은 항상 철저히 논박되지 않고 있습니다. 경험은 우리 밖에 있는 이성적 존재자에 대한 표상이 우리의 경험적 의식 속에 포함되어 있다는 사실만을 가르쳐줄 뿐입니다. 이러한 사실의 진위 여부에 대하여 어떤 논쟁도 한 적이 없으며, 그리고 어떤 유아론자도 이 사실을 부정한 적이 없습니다. 그런데 문제는 '이러한 표상에 그와 같은 표상 외에 어떤 것이 상응하는가? 그리고 우리가 그것을 표상하지 않을 경우에도 우리 표상과는 독립적으로 우리 외에 이성적 존재자가 있는가?' 하는 것입니다. 이런 문제에 대해 경험은 이성적 존재자에 대한 우리의 표상이 바로 경험이며 표상의 체계라는 사실만을 확실하게 가르쳐줄 뿐입니다.

경험은 기껏해야 이성적 원인들의 결과물과 비슷한 결과물이 있다는 사실만 가르쳐줄 뿐입니다. 경험은 결과의 원인이 이성적 존재자 자체로서 현존한다는 사실을 결코 가르쳐주지 않습니다. 왜냐하면 존재자 그 자체는 경험의 대상이 아니기 때문입니다.

우리 자신들은 경험에서 이성적 존재자를 도출해내는 것이 아니라, 반대로 이성적 존재자를 경험 속으로 끌어들입니다. 즉 우리 외에 이성적 존재자가 현존하는 속에서 어떤 경험들을 설명하는 것은 바로 **우리들**입니다. 그러나 도대체 우리는 **어떤 권한**으로 그렇게 설명하는 걸까요? 이러한 **권한**은 사용되기 전에 좀더 상세히 검토되어야 합니다. 왜냐하면 그 권한의 타당성은 사용되기 전 우리가 좀더 면밀히 그것을 검토하는 데 바탕을 둘 뿐, 단순히 현실적으로 사용하는 데만 토대를 두고 있지는 않기 때문입니다. 만일 현실적인 사용에 바탕을 둔다면, 우리는 한 걸음도 앞으로 나아가지 못할 것입니다. 그리고 또다시 우리가 위에서 제기했던 물음, 즉 '어떻게 우리는 우리 외에 이성적 존재자를 가정하고 인정하게 되는가?'라는 질문에 부딪히게 될 것입니다.

철학의 이론적 영역은 비판가의 철저한 탐구를 통해 논쟁의 여지 없이 면밀하게 밝혀지기 마련입니다. 다만 역사적인 일례를 들 수도 있습니다만, 그러나 지금까지 해결되지 않은 질문은 모두 실천적 원리로 해결되어야만 합니다. 우리는 제기된 이와 같은 물음에 실천적 원리를 통해 진실하게 대답할 수 있는지 여부를 검토해보아야만 합니다.

지난 강의에 따르면, 인간에게 내재된 최상의 충동[33]은 동일성에 대한 충동, 즉 자기 자신과 완전히 일치하고자 하는 충동입니다. 그리고 인간이 항상 자신과 일치할 수 있기 위해서는, '인간 외의 모든 것'을 '이 모든 것에 대한 인간 자신의 필연적 개념'과 일치하도록 만들려는 충동이 있어야 합니다. 인간 외에 이 모든 것은 인간의 개념에 **모순되지 않아야** 할 뿐만 아니라, 그 개념에 상응하는 어떤 것이 실제로 주어질 수 있어야만 합니다. 만일 어떤 것이 인간의 개념에 모순된다면 이 개념에 **상응하는** 객체의 실존이나 비실존은 그 개념과는 무관하게 되어버릴 것입니다. 인간의 자아 속에 놓여 있는 모든 개념에 대응하는 어떤 표현이나 어떤 상이 비아 속에 주어져야만 합니다. 이렇게 해서 인간의 충동이 규정됩니다.

또한 인간에게는 이성과 이성에 적합한 행위와 사유 개념이 있습니다. 그리고 인간은 필연적으로 이 개념을 자기 자신에게서 실현하려고 할 뿐만 아니라, 자신 밖에서도 실현되는 것을 보고 싶어 합니다. 그렇기 때문에 자신 밖에 자신과 동등한 이성적 존재자가 있다는 사실은 바로 인간 자신의 욕구에 속합니다.

인간은 자신 외에 이성적 존재자를 만들어낼 수 없습니다. 그러나 자신 외에 이성적 존재자의 개념을 비아를 관찰하는 토대로 삼습니다. 그런 다음 그 이성적 존재자의 개념에 상응하는 어떤 것을 발견하기를 기대합니다. 우선 맨 처음 떠오르는 이성적인 것의 소극적인 성격은, 개념에 따르는 작용성이자 목적에 따르는 활동성입니다. 합목적성의 성격을 지니고 있는 것은 어떤 이성적 근원자를 가질 수 있습니다. 그러나 결코 합목적성이라는 개념이 적용될 수 없는 것은 어떤 이성적 근원자도 지닐 수 없습니다. 그런데 이러한 특징에는 두 가지 의미가 있습니다. 즉 다양한 것이 하나로 일치되는 것은 합목적성의 성격입니다만, 이러한 일치에는 온갖 종류가 있습니다. 그리고 이런 종류의 일치들은 단순한 자연법칙들 즉, 역학적 자연법칙이 아니라 유기적 자연법칙에 의해 설명될 수 있습니다.[34] 따라서 우리가 어떤 경험에서 그 경험의 이성적 원인을 설득력 있게 추론해낼 수 있기 위해서는 또 다른 조건이 필요합니다. 합목적적으로 작용하는 곳에서도 자연은 필연적 법칙에 따라 작용합니다. 이에 반해 이성은 항상 자유롭게 작용합니다. 따라서 자유를 통해 다양한 것이 하나로 일치될 때, 이러한 일치는 현상 속에 있는 이성성의 확실하고 틀림없는 특징이 될 것입니다. 이때에는 이렇게 물을 수 있을 뿐입니다. 즉 '우리는 어떻게 필연성에 의해 경험에 주어진 결과를, 자유에 의해 주어진 결과와 구별할 수 있는가?'라고 말입니다.

제 외부의 자유를 저는 결코 직접적으로 의식할 수 없습니다. 또한 결코 제 내부에 있는 자유, 즉 저 자신의 자유를 의식할 수도 없습니다. 왜냐하면 자유 그 자체는 의식적인 모든 존재를 설명하는 최종 설명 근거이며, 따라서 의식의 영역에 전혀 속할 수 없기 때문입니다. 그러나 제가 제 경험적 자아에 주어진 어떤 사명을 대할 경우, 제 의지를 통해 이 의지 자체와는 다른 원인을 의식하고 있음을 저는 알 수 있습니다. 그리고 만일 우리가 앞에서 충분히 설명해왔다면, 원인의 이 무의식성[35]을 자유의 의식이라고 부를 수도 있을 것입니다. 그리고 여기서 우리는 자유의 의식을 원인의 무의식성이라고 부르고자 합니다. 자유의 의식이 바로 원인의 무의식성이라는 **이러한 의미에서** 우리는 우리 자신의 행위를 자유를 통해서 의식할 수 있습니다.[36]

방금 언급한 대로 우리가 의식하고 있는 우리 자신의 자유로운 행위를 통해 현상 속에서 우리에게 실체의 작용 방식이 생긴다면, 여기서 다음과 같은 변화가 일어나게 됩니다. 즉 이 작용 방식은 그것이 이전에 언급된 것과 같은 **그러한** 자연법칙에 의해서는 더 이상 설명될 수 없습니다. 오히려 이 작용 방식은 우리가 **우리 자신의** 자유로운 행위의 근거로 삼는 것에서부터 설명되어야 하는데, 이때의 근거는 이전의 것과는 대립됩니다. 그래서 우리는 작용의 원인이 곧 이성적이며 자유롭다고 하는 전제를 통해서만 이와 같이 변화된 규정을 설명할 수 있습니다. 칸트적인 용어로 설명하자면 **개념에 따른 상호작용**이 생겨나는 것입니다. 이것은 합목적적인 공동체를 의미합니다. 그리고 이것이 바로 제가 사회라고 부르는 것입니다. 이로써 사회의 개념이 온전하게 규정되었습니다.

자신과 동등한 이성적 존재자를 자신 밖에 있는 것으로 가정해야 하는 것은 인간의 근본적인 충동에 속합니다. 즉 이렇게 자신과 동등한 이성적 존재자를 가정할 수 있는 것은 인간 자신이 그러한 이성적 존재자와 함께 사회 속에 있게 된다는 조건하에서만 가능합니다. 그리고 여기서 사회라는 것은 합목적적 공동체라는 의미를 지닙니다. 사회적 충동은 근본적인 인간의 충동에 속합니다. 인간은 사회 속에서 살아가도록 **규정되어 있습니다**. 즉 인간은 마땅히 사회 속에서 **살아야** 합니다. 인간은 결코 완성된 존재가 아니며 홀로 살아갈 때에는 자신과 모순을 일으키기도 합니다.

청중 여러분, 여러분은 사회 일반과 우리가 국가라고 부르는 경험적으로 제약되어 있는 특수한 형태의 사회를 혼동하지 않는 것이 얼마나 중요한지를 잘 아실 것입니다. 어느 대단히 위대한 사람이 말한 것처럼, 국가 속에서의 삶은 인간의 절대적 목적에 속하지 않습니다. 오히려 국가 속에서의 삶은 완전한 사회를 건설하기 위해서 어떤 조건이 있을 때만 발생하는 수단일 뿐입니다. 단순히 인간이 만든 수단일 뿐인 기구(機構)처럼 국가가 국가 자체를 부정하는 것이 국가의 목적입니다. 즉 통치를 필요 없게 하는 것이 통치의 목적입니다. 분명 지금은 아직 그러한 시점이 아닙니다. 그리고 저는 모든 통치가 부정되기까지 얼마나 많은 세월이 걸릴지도 알 수가 없습니다. 여기서는 실생활에 적용하는 측면이 아니라, 사변적 명제를 정당화하는 측면에 대해서만 이야기하고 있습니다. 아직은 모든 통치를 부정할 때가 아닙니다. 그러나 인류 앞에 **선험적으로 놓여 있는**[37] 길, 바로 그 축대 위에 모든 국가 기구가 필요 없게 될 한 지점이 있다는 것은 확실합니다. 바로 이 지점에 이르러서야 비로소 힘이나 교활한 술책 대신 단적인 이성이 최상의 판관으로서 보편적으로 인정받게 될 것입니다. 그런데 인간은 여전히 오류를 범하고 오류로 인해 자신의 동료들을 해칠 수도 있습니다. 그래서 저는, **인정받는다고** 말한 것입니다.[38]

최상의 판관으로 인정받기 위해서 인간은 자신의 잘못을 인정하고 손실을 보상하려는 선한 의지를 지녀야 합니다. 이러한 시점이 오기 전까지는 우리는 결코 참된 인간이 될 수 없습니다.

방금 말씀드린 것처럼, **자유에 의한 상호작용**이 곧 사회가 지닌 적극적인 성격입니다. 그래서 이러한 사회는 그 자체로 목적이 됩니다. 따라서 이러한 상태에서는 단적으로 발생되기 위해서라는 목적 **때문에만** 어떤 것이 발생됩니다. 그러나 사회가 그러한 상호작용의 본연의 목적이라고 주장한다고 하더라도, '작용 방식'이 '그 작용에 좀더 특정한 목표를 설정해주는 어떤 특수한 법칙'을 여전히 지닐 수는 있습니다.

근본 충동은 우리와 동등한 이성적 존재자들이나 인간을 발견하려는 것이었음을 말씀드립니다. 인간은 이상적인 개념입니다. 왜냐하면 인간은 인간인 한 인간의 목적에 이를 수가 없기 때문입니다. 각자 개인은 인간 일반에 대해서 자신의 특수한 이상을 지닙니다. 이러한 이상들은 질료적인 면에서 다른 것이 아니라 그 단계에서 차이가 납니다. 각자 개인은 자기 고유의 이상에 따라 자신이 타인에게 인정해주는 개념들을 시험해봅니다. 그리고 그와 같은 근본 충동으로 인해 다른 이들을 자신과 비슷한 사람으로 바라보고 싶어 합니다. 우리는 온갖 방식을 동원하여 다른 사람들을 시험하고 관찰합니다. 사람들은 각자 다른 사람을 인간이라는 개념하에서 볼 때마다 그들을 인간이라는 개념에 이르도록 고양시키려 합니다. 정신적 존재가 정신적 존재와 벌이는 이러한 다툼에서는, 더 고귀하고 더 출중한 인간이 항상 앞서갑니다. 그렇게 해서 사회를 통해 유(類)가 완성되는 것입니다. 그리고 이렇게 해서 우리는 동시에 전 사회 자체의 사명을 발견하게 됩니다. 그런데 더 고귀하고 출중한 인간이 더 저급하고 도야되지 못한 인간에게 영향을 미치지 않는 것처럼 보이는 이유는 한편으로는 우리의 판단이 그렇게 생각하도록 우리를 기만하기 때문입니다. 왜냐하면 우리는 씨앗에서 싹이 나 자라기도 전에 곧바로 열매를 기대하는 경우가 종종 있기 때문입니다. 또 다른 이유는, 더 출중한 사람은 도야되지 못한 사람보다 너무나 많은 단계를 거쳐 높은 곳에 이르렀기 때문입니다. 따라서 이 두 부류의 사람들은 서로 거의 접촉할 기회가 없다는 것입니다. 이것은 다시 말해 이들이 서로에게 거의 영향을 미칠 수 없다는 말과 일맥상통합니다. 그럼으로써 터무니없이 도야가 느려지는데, 이와 반대되는 상황을 저는 적절한 때에 여러분에게 제시하려고 합니다. 그러나 전체적으로 보자면 더 출중한 자가 확실히 이기기는 합니다. 빛과 암흑의 공공연한 전쟁을 인류와 진리의 벗이 수수방관할지라도 더 출중한 자가 결국 이긴다는 이 사실은 인류와 진리의 벗에게는 위안이 되기도 합니다. 확실히 빛은 승리를 거둡니다. 우리가 이 승리의 순간을 마음대로 규정할 수는 없지만, 암흑과 빛이 공개적인 싸움을 하게 되면 머지않아 빛의 승리가 드러나는 것과 같습니다. 암흑은 어둠을 사랑합니다. 암흑은 빛으로 들어서는 순간 이미 사라져버립니다.

그러므로 이것이 지금까지 우리가 고찰한 결과라고 할 수 있는데, 인간에게는 사회에 대한 사명이 있다는 것이 그것입니다. 첫 번째 강의에서 밝혔듯이 인간이 그 사명에 따라 자신 속에서 완성시켜야만 하는 숙련성들 속에는 사회성도 포함됩니다.

사회 일반에 대한 이러한 사명이 인간 존재의 가장 내적이고 순수한 면에서 생겨났음에도 불구하고, 이 사명은 단적인 충동과 마찬가지로, 우리 자신과의 지속적인 일치라는 최상의 법칙이나 도덕법에 종속되어야 하고 그러한 최상의 법칙에 의해 더욱더 규정되고 확고한 규칙하에 정립되어야 합니다. 또한 우리가 이 확고한 규칙을 발견하는 것만큼 우리는 **사회** 속에서의 **인간의 사명**을 발견하게 됩니다. 우리의 탐구 목적이자 지금까지의 모든 고찰의 목적은 바로 이 인간의 사명입니다.

방금 이야기한 절대적인 일치의 법칙에 따라 사회적 충동은 다음과 같이 소극적인 개념으로 규정될 수 있습니다. 즉 사회적 충동은 자기 자신과 모순되어서는 안 됩니다. 사회적 충동은 **상호작용, 서로 주고받는 영향, 서로 주고받음**, 서로의 능동적 행위와 수동적 행위와 관계가 있습니다. 이 사회적 충동은 일방적으로 영향을 미치는 단순한 인과 관계, 활동성에 관련되지는 않습니다. 사회적 충동과는 다른 충동은 이와 같은 단순한 인과 관계, 활동성에 단지 수동적으로만 관계할 뿐입니다. 이와 달리 사회적 충동은 우리 외에 자유로운 **이성적** 존재자를 발견하고자 하며, 이들과 더불어 공동체를 이루고자 합니다. 사회적 충동은 육체의 세계에서처럼 복종을 의도하는 것이 아니라 협력을 바랍니다. 우리가 우리 밖에서 발견한 이성적 존재자들을 자유롭게 놓아두려 하지 않는다면, 그것은 그들의 **이론적** 숙련성만을 고려할 뿐 그들의 자유로운 실천적 이성성은 고려하지 않는 것이 됩니다. 이럴 경우에 우리는 그들과 더불어 사회적 관계를 맺고자 하는 것이 아니라 그들을 숙련된 동물쯤으로 여기고 그들을 **지배하려** 할 것이며, 그렇게 되면 인간 자신의 사회적 충동은 자기 모순에 봉착하게 될 것입니다. 그러나 제가 말씀드리고 싶은 것은, '과연 우리가 우리의 사회적 충동을 자기 모순에 빠지도록 내버려둘 것인가?' 하는 것입니다. 만일 사회적 충동이 자기 모순에 처한다면, 우리에게는 사회적 충동이 전혀 없는 것과 같을 것입니다. 다시 말해 우리는 그와 같은 고귀한 충동을 전혀 가지고 있지 않은 것이 되고 맙니다. 그렇게 되면 인류는 우리 자신 속에서 조금도 더 도야되지 않은 것이 되고, 우리는 스스로 반인(反人)적인 존재나 노예 상태 같은 더욱 저급한 단계에 머물게 됩니다. 우리 자신은 아직도 우리의 자유와 자립성을 느낄 정도로 성숙되지는 못했습니다. 왜냐하면 만일 그러한 상태에 이르렀다면 우리는 분명 우리 주위에 있는 우리와 유사한 자유로운 존재자들을 찾으려고 했을 것이기 때문입니다. 우리는 아직 노예이며 계속 노예로 살고자 합니다. 루소[39]는 "많은 사람이 타인의 지배자로 자처하지만, 오히려 이 지배자가 지배당하는 타인들보다 더 노예이다"[40]라고 했습니다. 이 말에서 한 걸음 더 나아가 "타인의 지배자임을 자처하는 모든 사람은 그 자신이 노예이다"라고 했다면 그가 좀더 올바르게 말한 것이 되었을 것입니다. 타인의 지배자로 자처하는 사람이 현실적으로는 노예가 아니라 하더라도, 그는 확실히 노예의 영혼을 지니고 있을 것이며 그를 억압하는 최고의 무력 앞에 비굴하게 머리를 조아릴 것입니다. 이와 반대로 주변의 모든 이를 자유롭게 해주고, 우리가 그것의 원인을 항상 인지할 수는 없지만 그 원인이 미치는 영향을 통해 주변 사람들을 참으로 자유롭게 해주는 사람은 자유롭습니다. 그가 주시하는 동안 우리는 좀더 자유롭게 숨쉴 수 있습니다. 이럴 경우 우리는 어떤 것에 억압받거나 움츠러들거나 왜소해지는 것을 느끼지 않게 됩니다. 그리고 우리 자신을 존경할 수 있도록 해주는 것이 가능하고 그러한 모든 것을 행할 수 있도록 하는 데에서 우리는 평소에 느낄 수 없었던 즐거움을 느끼게 됩니다.

인간은 비이성적인 사물을 목적을 위한 수단으로 이용할 수는 있지만, 이성적 존재자들을 그처럼 수단으로 이용할 수는 없습니다. 인간은 이성적 존재자들을 결코 자신의 목적을 위한 수단으로 이용해서는 안 됩니다.[41] 자신의 목적을 다른 이성적 존재자들과 협동하여 관철시키기 위해서는 인간은 생명이 없는 물질이나 동물에게 영향을 미치듯 다른 이성적 존재자들의 자유를 염두에 두지 않은 채 영향을 미쳐서는 안 됩니다. 인간은 어떤 이성적 존재자도 그의 의지에 맞지 않게 유덕하거나 현명하게 아니면 행복하게 할 수는 없습니다. 그렇게 만들려는 노고는 쓸모없으며, 어느 누구도 자신이 노동하고 수고하지 않고서는 유덕하거나 현명하거나 행복해질 수 없습니다. 그리고 인간이 다른 이성적 존재자를 그의 의지에 맞지 않게 유덕하거나 현명하거나 행복하게 할 수 없다는 사실은 제쳐놓더라도, 우리 인간은 자신이 그러한 일을 할 수 있거나 할 수 있다고 생각할 때에도 결코 그러한 일을 원해서는 안 됩니다. 그렇게 하는 것은 부당한 일이며, 그렇게 함으로써 인간은 인간 자신과의 모순에 빠지기 때문입니다.

　또한 자기 자신과의 완전한 형식적 일치의 법칙을 통해 사회적 충동은 적극적으로 규정되기도 하고, 우리는 사회 속에서 인간의 본래적 사명을 이렇게 받아들입니다. 즉 인류에 속하는 개인은 모두 서로 다릅니다. 개인과 개인이 완전하게 일치할 수 있는 상태는 오직 하나밖에 없으며, 이 상태는 개인의 최종 목표이자 완전성의 상태에 이르렀을 때입니다. 완전성은 한 가지 방식으로만 규정됩니다. 즉 완전성은 자기 자신과 완전하게 동등합니다. 모든 인간이 완전해질 수 있고 최상의 최종 목표를 달성할 수 있다고 한다면, 그들 서로는 완전히 동등하게 될 것입니다. 즉 그들은 단 하나, 즉 유일한 주체가 될 것입니다. 그리고 모든 이들은 사회 속에서 다른 사람을 적어도 자신의 개념에 따라서 더 완전하게 만들려고 노력합니다. 다시 말해 모든 사람은 인간에 대해 설정해 놓은 자신의 이상에 맞추어 다른 사람을 고양시키려고 합니다. 따라서 사회의 최종적이며 최상의 목표는 사회의 가능한 모든 구성원들 간의 완전한 일치와 단결이라고 할 수 있습니다. 그런데 이러한 목표 달성은 인간 일반의 사명, 즉 절대적 완전성을 달성할 것을 전제하기 때문에, 이 목표는 앞서의 목표42와 마찬가지로 완전하게 달성될 수는 없습니다. 그리고 인간이 신이 되지 않는 한 그 목표는 달성될 수 없습니다. 따라서 모든 개인의 완전한 일치가 **최종** 목표이기는 하지만, 그렇다고 그것이 사회 속에서의 인간의 사명은 아닙니다.

그러나 이 목표에 접근하고 그것도 무한히 접근해가는 것, 이것을 인간은 할 수 있으며 또한 해야만 합니다. 모든 개인과의 완전한 일치, 단결을 이루는 이러한 목표에 접근해가는 것을 우리는 하나가 되어가는 통합 과정43이라고 부를 수 있습니다. 따라서 내밀성에서는 좀더 견고해지고 그 범위가 좀더 확장되는 이러한 통합 과정이 사회 속에서의 인간의 진정한 사명입니다. 하지만 인간은 그들의 최종적인 사명에 대해서만 합일하고 또 합일될 수 있기 때문에, 이러한 통합 과정은 오직 완성으로 나아가는 과정을 통해서만 가능합니다. 따라서 우리는 마땅히 다음과 같이 말할 수 있습니다. 즉 사회적 완성 과정은 우리에게 자유롭게 영향을 주는 타인들의 작용에 의해 우리 자신을 완성해가는 과정이자, 동시에 자유로운 존재자인 타인에게 미치는 우리의 반작용을 통해 그 타인들을 완성해가는 과정인데, 이러한 사회적 완성 과정이 사회 속에서의 우리의 사명입니다.

이러한 사명을 완수하고 성취할 수 있도록 하기 위해서, 우리에게는 오로지 도야함으로써 획득되고 고양되는 숙련성이 필요합니다. 이러한 숙련성에는 두 가지 종류가 있습니다. 그중 하나는 **기여하는** 숙련성, 다시 말해 자유로운 존재자인 타인에게 영향을 미치는 숙련성이며, 다른 하나는 **받아들이는** 수용성, 즉 우리에게 미치는 타인의 작용에서 최상의 이점을 끌어내는 수용성입니다. 이 두 가지에 대해서는 적절한 때에 다시 언급할 것입니다만, 우리는 특히 타인에게서 이점을 끌어내는 후자의 입장을 우리가 타인들에게 미치는 정도로 유지해야 합니다. 그렇지 않으면 우리는 제자리에 멈추어버리거나 퇴보하게 될 것입니다. 겉으로 중요하지 않게 보여서 간과해도 될 듯이 보이는 사소한 것들조차도 다른 이에게 배우지 않아도 될 정도로 완전한 사람은 거의 없습니다.

  여러분, 저는 전 인류가 자기 자신에게 부과하는 이러한 보편적 작용의 이념보다 더 고귀한 이념을 알지 못합니다. 이처럼 중단되지 않는 삶과 투쟁의 이념, 진지한 경쟁의 이념을 주고받는 것, 이것은 또한 인간에게 있을 수 있는 가장 고귀한 점이기도 합니다. 그리고 자유를 공통적인 동인으로 하는 수많은 바퀴가 서로서로 이렇게 보편적으로 맞물려 있는 상태의 이념, 여기에서 나오는 아름다운 조화의 이념은 무엇보다도 고귀합니다. 우리 각자는 이렇게 말할 수 있습니다. '너라는 사람에 대해 말하면, 인간의 얼굴을 지니고 있는 너, 너는 이렇게 거대한 공동체의 일원이다'라고 말입니다. 이 공동체의 수많은 구성원들이 서로에게 미치는 영향도 커집니다. 그렇기 때문에 저는 당신에게 영향을 미치고 있고 동시에 당신도 저에게 영향을 미치고 있는 겁니다. 비록 조야한 표현이기는 하지만, 얼굴에 이성의 각인만 새기고 다니는 사람이라면 누구나 저에게는 무익하지 않습니다. 그러나 저는 당신을 알지 못하며 당신도 저를 알지 못합니다. 아, 우리가 좋아지고 좀더 나아지기를 바라는 공동체적인 소명을 확실히 지니는 것만큼 분명하게, 언젠가는 제가 저의 영향권 내에서 당신의 마음을 사로잡아 당신에게 도움이 되고 동시에 제가 당신에게 도움을 받으면서, 자유롭게 서로 주고받는 가장 아름다운 결속 관계를 통해 제 감정이 당신의 감정과 결합하게 될 날이 오고야 말 것입니다. 물론 그렇게 되기까지 얼마나 많은 세월이 소요될지도, 과연 그때가 언제인지도 알 수 없지만 말입니다.

제4장
세 번째 강의

사회 속에서
신분의 차이에 대하여

지금까지 인간 그 자체의 사명과 **사회 내에서의** 인간의 사 312
명에 대해 논의해보았습니다. 학자는 사회 내에서 고찰되는
한에서만 학자입니다. 따라서 우리는 이제 '사회 속에서 특
히 학자의 사명은 어떤 것인가?'라는 물음의 답을 찾는 문제
로 넘어갈 차례가 된 것 같습니다. 그런데 학자는 단순히 사
회의 일원인 것만은 아닙니다. 동시에 학자는 사회 내에서
특수한 신분44의 일원이기도 합니다. 적어도 우리는 학자 신
분에 대해서 이야기하고 있는데, 학자가 특수한 신분이라는
사실이 정당한가의 여부는 적절한 때에 드러날 것입니다.

따라서 학자의 사명에 대한 우리의 주요 고찰은 이미 완결
된 두 가지 연구45 외에 세 번째 탐구를 전제합니다. 그것은
중요한 질문 즉 '인간들 사이의 신분 차이는 어디서 유래하
는가?' 또는 '인간 사이의 비동등성46은 어디서 유래하는가?'
에 답하는 것입니다.

선행된 연구가 없더라도 신분이라는 말을 들을 때, 우리는

이 말이 우리의 개입 없이 우연하게 발생한 말이 아니라, 목적 개념에 따른 자유로운 선택에 의해 확립되고 정립된 것이라는 사실을 알게 됩니다. 우리의 개입 없이 우연하게 발생한 불평등, 즉 **물리적 불평등**은 자연에 책임이 있습니다. 이와 반대로 **신분의 불평등**은 도덕적인 불평등인 것 같습니다. 따라서 신분의 불평등에 대해서는 '어떤 이유로 서로 다른 신분이 있을 수 있는가?'라는 의문이 당연히 제기되는 것입니다.

이미 우리는 '왜 서로 다른 신분이 있는가?'라는 이 물음에 종종 다음과 같은 방식으로 답하려고 해왔습니다. 즉 우리는 경험적 원칙에서 출발해서 이러한 신분 차이를 통해 성취되는 다양한 목적이나 그러한 목적 달성으로 얻어지는 다양한 이점을 단편적으로 열거하고 제기해왔습니다. 그러나 이렇게 함으로써 제기된 질문에 답이 주어지기는커녕 오히려 또 다른 질문이 생기고 말았습니다. 이런저런 사람에게 신분을 설정해주는 데서 생기는 **이점**이 신분의 **정당성**을 증명해주지는 못합니다. 그리고 여기서 제기된 물음, 즉 '왜 서로 다른 신분이 있는가?'라는 물음은 '그와 같이 어떤 이익을 얻기 위해 신분을 설정할 경우에 우리가 어떤 목적을 지니고 싶어 했을까?'라는 역사적 물음이 아니라 '항구적으로 신분을 설정하는 목적과 신분 설정이 상응하도록 할 수 있는가?'라는 도덕적 물음이었습니다. 이 도덕적 질문에 대해서는 순수한 이성 원리나 실천적 이성 원리에서 답해야만 할 것입니다. 제가 아는 한 순수한 이성 원리나 실천적 이성 원리에 바탕을 둔 대답은 전혀 없거나 단지 대답해보려는 시도에 그쳤을 뿐입니다. 이 도덕적 질문에 답하기 전에 지식학에서 나온 몇 가지 보편적 명제들을 미리 말씀드려야만 할 것 같습니다. 모든 이성 법칙은 모두 우리 정신의 본질 속에 바탕을 두고 있습니다. 그러나 이 이성 법칙이 적용되는 어떤 경험을 통해서만 비로소 이성 법칙은 경험적 의식에 이르게 됩니다. 그리고 이성 법칙이 경험에 적용되는 경우가 점점 더 자주 생길수록 이성 법칙은 경험적 의식과 더 밀접한 관계를 맺게 됩니다. 이렇게 해서 경험적 의식은 모든 이성 법칙과 관계를 맺게 됩니다. 특히 경험적 의식은 실천 법칙들과 관계를 맺는데, 이 실천 법칙은 이론 법칙처럼 단순한 **판단**이 아니라 우리 외부의 작용과 관련되며 **충동**이라는 형태로 의식에 나타납니다. 모든 충동의 기초는 우리의 본질에 있습니다만, 그러나 본질에 있는 충동은 다만 기초가 될 뿐입니다. 모든 충동은 그것이 의식될 때 경험에 **자극을 받아야** 합니다. 그리고 충동이 **경향**이 되고 충동을 충족시키는 것이 욕구가 될 때, 충동은 빈번하게 발생하는 비슷한 경험을 통해 **발전해야** 합니다. 그러나 경험은 우리 자신에 의해 좌우되는 것이 아니므로, 우리의 충동 일반을 일깨우고 발전시키는 것도 우리 자신에게 달려 있는 것은 아닙니다.

경험의 근거가 되는 자립적 비아(非我)나 **자연**은 다양합니다. 자연의 어떤 부분도 다른 부분과 동질적이지는 않습니다. 이러한 명제는 칸트 철학에서도 주장된 것으로 엄밀하게 증명되었습니다. 그래서 자연은 인간 정신에 매우 다양한 방식으로 영향을 미치며, 인간 정신의 능력과 소질들은 결코 동일한 방식으로 발전하지 않는다고 할 수 있습니다. 자연의 이와 같은 다양한 작용 방식으로 **개체들**Individuen이 생성되고, 우리가 특수한 경험적인 개별적 본성이라고 부르는 상태가 정해집니다. 그리고 우리는 이러한 점을 고려하여, '일깨워지고 발전된 능력의 관점에서 보면 어떤 개체도 타자와 완전히 똑같지는 않다'고 말할 수 있습니다. 여기에서 물리적인 불평등이 생겨나는데, 우리는 여기에 아무런 관여도 하지 않았을 뿐만 아니라, 더욱이 우리 자신의 의지로 이 불평등을 제거할 수도 없습니다. 왜냐하면 우리가 우리 자신에게 미치는 자연의 영향에 저항하기 전에, 우리는 미리 이러한 자유를 의식하고 사용할 줄 알아야 하기 때문입니다. 우리는 우리의 충동들을 일깨우고 발전시킴으로써만 자유를 의식하고 사용할 수 있는데, 우리의 충동들을 일깨우고 발전시키는 일은 우리 자신에 의해 좌우되지 않습니다.

그러나 인류와 모든 이성적 존재자의 최상의 법칙, 즉 우리 자신과의 완전한 일치의 법칙, 절대적 동일성의 법칙은, 자연에 적용되어 긍정적, 적극적이면서도 물질화될 때 다음과 같은 것을 요구합니다. 즉 이 최상의 법칙이 요구하는 바는, 개인의 모든 소질이 균등하게 발전하고 모든 능력이 최고로 발현되는 완전성에 이르기까지 도야되는 것입니다. 단순한 최상의 법칙은 자신의 요구 대상을 실재화할 수 없습니다. 왜냐하면 이제 곧 말씀드리겠지만, 이 요구를 충족시키는 것은 단순한 최상의 법칙이나 이 법칙에 의해 단적으로 규정될 수 있는 우리의 의지에 달려 있는 것이 아니라, 오히려 자유로운 자연의 작용47에 달려 있기 때문입니다.

우리가 이 최상의 법칙을 사회와 관련시키고 수많은 이성적 존재자들이 있다는 사실을 전제한다면, '이성적 존재자 각자에게서 스스로 소질이 모두 균등하게 도야되어야 한다'는 요구 속에는, 동시에 '서로 다른 **이성적 존재자 모두 서로 균등하게 발전해야 한다**'라는 요구가 포함되어 있는 것입니다. 모든 사람의 소질은 단적으로 순수 이성에 기초하고 있기 때문에 이 소질들이 즉자적으로 동일하다면, 이 소질들은 모든 이성적 존재자에게서 동등한 방식으로 도야되어야 마땅합니다. 이것이 바로 앞서 말한 요구, 즉 '서로 다른 이성적 존재자들 모두가 서로간에 균등하게 도야되어야 한다'는 요구의 내용입니다. 그래서 동등한 소질을 동등하게 도야해 나오는 결과는 언제나 틀림없이 자기 동일적일 수밖에 없습니다. 여기서 우리는 다른 경로를 통해 이전 강의에서 설정된 모든 사회의 최종 목적에 또다시 이르게 됩니다. 그 목적은 바로 모든 사회 구성원의 완전한 평등입니다.

이미 앞의 강의에서 다른 경로를 통해 드러난 것처럼, 단순한 최상의 법칙은 '모든 사회 구성원을 완전히 평등하게 만들려는 요구'라는 대상을 실현할 수도 없으며, 지금의 요구가 바탕에 두고 있는 이전의 요구, 즉 '이성적 존재자들 각자가 스스로의 모든 소질을 균일하게 도야시키려는 요구'라는 대상도 실현할 수가 없습니다. 그러나 의지의 자유는 모든 사회 구성원의 완전한 평등이라는 이 목적에 좀더 근접하기 위해 노력해야 하고 또 분투할 수 있습니다.

그리고 여기서 등장하는 것이, 동일한 목적을 지향하면서 이 목적에 끊임없이 접근하는 데 필요한 수단이라고 할 수 있는 사회적 충동의 효력입니다. 사회적 충동 또는 자유로운 이성적 존재자와의 상호작용 속에 스스로를 정립시킬 수 있는 충동은 다음의 두 가지 충동을 포함하고 있습니다. 그중 하나는 **전달의 충동**[48]입니다. 이것은 특히 우리 자신을 도야시킨 측면에서 모든 사람을 도야시키려는 충동이며, 모든 사람들 속에 들어 있는 우리 자신들을 가능한 한 우리 속에 있는 개선된 자아와 같게 하려는 충동입니다. 그리고 두 가지 충동 중 다른 하나는 **수용의 충동**[49]입니다. 이 수용의 충동은 다른 사람들을 도야시킨 측면에서 우리 자신을 도야하고자 하는 충동입니다. 이렇게 해서 자연이 만들어놓은 결함은 이성과 자유에 의해 개선됩니다. 이렇게 되면 자연이 개체에 부여한 일방적인 도야 과정은 전체 인류의 소유물이 되어 버리며, 이와 반대로 전 인류는 개인에게 인류의 고유한 도야 과정을 부여하게 됩니다. 따라서 우리가 특정한 자연 조건 아래 가능한 모든 개인이 현존한다는 사실을 전제한다면, 이 자연 조건들하에서는 전 인류에게 가능한 모든 도야 과정도 있을 수 있는 것입니다. 자연은 각 개인들을 단지 일면적으로만 도야시켰지만, 그럼에도 불구하고 자연 자신이 이성적 존재자들과 접촉한 모든 점에서 자연은 각 개인들을 도야시킨 것입니다. 이성은 자연과 접촉한 이러한 점들을 통합하여 자연에게 확고하게 응축적이면서도 확장적인 면을 제공해주면서, 자연이 적어도 모든 개별적 소질들의 측면에서 인류를 도야시키도록 합니다. 왜냐하면 자연은 개인들을 이성이 하는 것처럼 도야시키려 하지는 않았기 때문입니다. **이성**은 이와 같은 전달의 충동과 수용의 충동에 의해 사회의 개별 구성원들 사이에서 요구되는 도야를 균등하게 배분할 것을 이미 스스로 염려해왔으며 **균등한 배분을 계속해서 염려**할 것입니다. 왜냐하면 자연의 영역이 여기까지는 미치지 못하기 때문입니다.

이성은 각 개인이 자연에게서 **직접적으로** 성취할 수 없었던 전반적인 완전한 도야를 **사회**의 품에서 **간접적으로** 받을 수 있도록 배려해줄 것입니다. 사회는 개인의 모든 이익을 모든 사람이 자유롭게 사용할 수 있는 공유 재산으로 축적할 것이며, 이를 통해 얻어진 이익을 개인의 수보다 몇 배로 증가시킬 것입니다. 사회는 개인의 결점들을 공동으로 떠맡을 것이며, 이렇게 함으로써 개인의 결점들을 거의 나타나지 않을 정도로 축소시킬 것입니다. 또는 제가 여러 가지 대상에 적용하기 위해 더 적당하리라고 생각되는 다른 정식으로 이와 같은 사실을 표현해본다면, 모든 사람의 숙련성을 발전시키는 목적은 제가 방금 말했던 것처럼 자연을 이성 아래 두기 위해서입니다. 그리고 경험이 우리의 표상 능력의 법칙에 의존하지 않을 때에는, 경험에 대한 우리의 필연적인 실천적 개념과 일치하도록 경험을 만들어나가는 것이 바로 목적이기도 합니다. 그러므로 이성은 자연과 영원히 지속적인 투쟁 상태에 있게 됩니다. 이 갈등은 우리 인간이 신이 될 수 없는 한 결코 끝날 수 없습니다. 그러나 자연의 영향은 점점 더 약화되고 또 그렇게 될 수 있으며, 그에 비해 이성의 지배력은 점점 더 강화되고 또 그렇게 될 수 있습니다. 이와 다른 측면에서 보더라도 틀림없이 이성은 자연에 승리를 거두고야 말 것입니다. 즉 한 개인은 아마도 자신이 자연과 관계하는 특수한 접촉점에서는 유리한 입장에서 자연과 투쟁할 것이지만, 이와 반대로 개인은 자신이 관계하지 않는 다른 모든 접촉점에서는 자연에 반항도 못해보고 지배당하게 될 것입니다. 그러나 이제 사회가 결속되고 한 몸으로 뭉치게 되면, 개인이 할 수 없었던 일을 통합된 힘에 의해 모두 능히 해낼 것입니다. 각자는 개별적으로 투쟁하지만, 사회적 투쟁을 통해 자연적 본성을 약화시키고 각자가 자신의 분야에서 개별적으로 자연적 본성에 대해 승리하는 것은 모두에게 이로운 것입니다. 그렇게 해서 개인들의 물리적인 불평등에도 불구하고 모두 한 몸으로 통합할 수 있는 결속을 위한 새로운 견고함이 생겨나게 됩니다. 이 때문에 욕구의 충동과 욕구를 만족시킬 수 있는 많은 달콤한 충동은 개인들을 서로 더욱 긴밀하게 결속합니다. 즉 자연은 이성의 힘을 약화하려고 함으로써 오히려 이성의 힘을 강화해온 것입니다.

317

지금까지 논의한 것에 따르면 우리 모두는 각자 자신의 자연스런 진행 과정을 거쳐온 것입니다. 다시 말해 우리는 자신들이 지닌 성격을 도야하는 방식과 그 정도에 따라 서로 다른 다양한 성격을 지니고 있습니다. 그렇다고 해서 우리가 서로 다른 신분을 가지게 되었다는 것은 아닙니다. 왜냐하면 아직까지 우리는 자유에 의한 어떤 특수한 사명도, 특수한 종류의 도야를 자의적으로 선택하는 것도 제시하지 않았기 때문입니다. 여기서 저는 우리가 아직 자유에 의한 어떤 특수한 사명도 제시하지 않았다고 말씀드렸는데, 이 사실을 적절하고도 충분하게 이해하길 바랍니다. 사회적 충동 일반은 무엇보다도 자유와 관련이 있습니다. 사회적 충동은 단적으로 무엇을 추동시키기는 하지만 강제하지는 않습니다. 우리는 사회적 충동에 저항할 수도 있고 그것을 억제할 수도 있습니다. 우리는 인간을 적대시하는 유아주의(唯我主義)50에 빠져, 사회에 아무것도 기여하지 않기 위해 사회에서 어떤 것을 수용하기를 거부하면서 자신을 고립시킬 수도 있습니다. 우리는 조야한 동물성으로 인해 사회적 자유를 망각할 수도 있으며 이 자유를 우리의 단순한 자의에 종속되는 것으로 생각할 수도 있습니다. 이렇게 생각하는 이유는 우리가 스스로를 자연의 임의성에 종속된다고 생각하기 때문입니다. 그러나 여기서 저는 이와 같은 사태에 대해서 말하려고 하는 것이 아닙니다. 우리가 일반적으로 사회적 충동에 복종한다는 사실만을 전제하더라도, 사회적 충동에 이끌려 좋은 것이 필요한 사람들과 우리가 지닌 좋은 것을 함께 나누고, 좋은 것을 가진 사람들에게서 우리에게 부족한 것을 받아들이는 일은 필연적으로 일어나기 마련입니다. 그리고 그렇게 하기 위해 자유의 새로운 작용으로 사회적 충동을 특수하게 규정하거나 변형시키는 일은 필요하지 않습니다. 단적으로 저는 이와 같은 사실을 말씀드리고자 한 것입니다.

특히 차이가 나는 점은 다음과 같습니다. 즉 **지금까지 발전되어온 조건 아래에서** 한 개인으로서 나는 나 속에 있는 특수한 소질을 일면적으로 발전시키기 위해 저 자신을 자연에 맡기게 됩니다. **왜냐하면 나는 그렇게 맡길 수밖에 없기 때문입니다.** 이 경우 나는 어떤 선택권도 가지고 있지 않으며, 오히려 선택의 여지 없이 자연의 지배에 따르게 됩니다.

나는 자연이 나에게 부여하는 모든 것을 수용하며, 자연이 부여하려 하지 않는 것은 받아들이지 않습니다. 나는 할 수 있는 한 나 자신을 다방면에서 형성할 수 있는 어떤 기회도 소홀히 할 수 없습니다. 나는 단적으로 어떤 기회를 창조해 내지는 못합니다. 왜냐하면 나는 창조할 능력이 없기 때문입니다. 이와 반대로 내가 하나의 신분을 선택한다면, 다시 말해 마치 언어를 사용하는 것처럼 단 하나의 신분만이 자유로운 의지로 선택된 것이라면, 그래서 이 하나의 신분을 선택하는 경우라면, 이렇게 선택할 수 있기 위해서라도 자연보다는 먼저 나 자신에게 자유롭게 전념할 수 있어야만 할 것입니다. 왜냐하면 이 경우 이미 나 자신의 내면에는 다양한 충동이 일깨워져 있어야 하고, 내 속에 있는 다양한 소질이 의식으로 고양되어 있어야만 하기 때문입니다. 그런데 그 후에 선택을 할 때에는 자연이 나에게 부여한 모든 능력과 혜택을 한 가지 또는 몇 가지 특정한 숙련성을 발전시키는 데 집중적으로 적용하기 위해, 자연이 나에게 부여했을 수도 있는 어떤 동기들을 전혀 고려하지 않겠다고 결심하게 됩니다. 내가 자유롭게 선택하여 그것을 발전시키기 위해 전념하는 특수한 숙련성을 통해 나의 신분이 결정되는 것입니다.

여기서 제기되는 질문은 다음과 같습니다. 즉 '내가 특정한 신분을 선택해야만 하는가? 만일 내가 특정한 신분을 선택해야 하는 것이 아니라면, 배타적으로 특정한 신분, 다시 말해 한 분야에 국한된 도야에 나를 헌신해도 **괜찮은가?**' 하는 것입니다. 특정한 신분을 선택하는 것이 무조건적인 의무일 경우 한 신분을 선택해야만 한다면, 특정한 신분을 선택하는 데 관계되는 충동은 최상의 이성법에서 도출되어야 할 것입니다. 이 경우 신분을 선택하는 데 관련된 충동은 사회 일반의 관점에서 도출되어야 합니다. 만일 제가 아무 신분이나 선택해도 괜찮다고 한다면, 신분 선택에 관계되는 어떤 충동도 이성법에서 생겨나지 않을 것이며, 결과적으로 단지 신분 선택에 관련된 어떤 허락만 있게 됩니다.[51] 그리고 법칙에 의해 단순히 허락된 것을 현실적으로 선택하기 위해 의지가 행하는 사명에는 경험적 자료들이 제시될 수 있어야 합니다. 그런데 이 경험적 자료에 의해서는 어떤 법칙이 아니라 단순히 명민함의 규칙만 규정될 뿐입니다. 사정이 어째서 그러한지는 이후의 탐구를 통해 밝혀질 것입니다.

  법칙은 '너의 모든 소질을 네가 할 수 있는 한 완전하고도 한결같이 도야하라'라고 말합니다. 그러나 법칙은 내가 나의 모든 소질을 자연에서 직접적으로 도야해야 하는지 아니면 타인과 교류하면서 간접적으로 도야해야 하는지에 대해서는 아무것도 결정해주지 않습니다. 따라서 직접적으로 도야시킬 것인가 아니면 간접적으로 도야할 것인가 하는 문제에서 선택은 전적으로 나 자신의 명민함에 달려 있습니다. 법칙은 자연을 '네 자신의 목적에 종속시켜라'라고 말합니다.

그러나 내가 자연을 어떤 목적을 위해 이미 다른 것에 의해 319
충분히 도야된 것으로 생각해야 할 경우에도, 법칙은 내가
인류의 모든 가능한 목적들을 이루기 위해 자연을 더욱 도야
시켜야만 한다는 사실은 말해주지를 않습니다. 따라서 법칙
은 특수한 신분을 선택하는 것을 금하지는 않습니다. 하지만
법칙이 특수한 신분을 선택하는 것을 금하지 않았다고 해서
특수한 신분을 선택하는 것을 명령하는 것도 아닙니다. 나
는 자유로운 자의의 영역에 서 있습니다. 나는 어떤 신분도
선택할 수가 있습니다. 그리고 '내가 이 신분을 선택할 것인
지 저 신분을 선택할 것인지'의 문제가 아니라 '내가 어떤 하
나의 신분을 선택해야 하는지 아닌지'의 여부를 결정하는 데
는, 법칙에서 직접 도출된 완전히 다른 규정 근거를 찾아보
아야 합니다. 여기서 말한 이런저런 특정한 신분에 대해서는
다른 기회에 이야기할 것입니다.

인간은 사회 속에서 태어납니다. 인간은 자연을 더 이상
조야한 것으로 생각하지 않고, 다양한 방식으로 자신의 목적
에 맞게 발전시킵니다. 인간은 다양한 분야에서 자연을 이성
적 존재자가 사용하도록 모든 측면에 따라 가공합니다. 인간
은 자신이 해야 할 많은 일들이 이전에 행해졌다는 것을 발
견합니다. 아마 인간은 자신의 힘을 스스로 직접 자연에 적
용하지 않고서도 매우 쾌적한 현존 상태를 유지할 수 있을
겁니다. 또한 인간은 사회가 이미 이루어놓았고 특히 인간

자신의 발전을 위해 마련해놓은 것을 단순히 향유하면서 아마도 어떤 완전한 상태를 유지할 수도 있을 겁니다. 그러나 인간은 그렇게 해서는 안 됩니다. 인간은 적어도 사회에 대한 자신의 책무를 떠맡아야 합니다. 인간은 자신의 배역을 맡아야 합니다. 최소한 인간은 자신을 위해 너무나 많은 것들을 마련해준 인류의 완전성을 어떤 방식으로든 더 고양시키려고 노력해야 합니다.

이렇게 하기 위해서는 두 가지 방법이 있습니다. 한편으로 인간은 모든 측면에서 자연을 가공할 계획을 미리 세웁니다. 하지만 그렇게 되면 인간은 아마 자신의 전 생애와 만일 그에게 더 많은 생애가 주어져 있다면 그 더 많은 생애까지도 자신 앞에서 다른 이들이 일으킨 일이나 문제가 되는 일에 대한 지식을 얻기 위해 사용해야만 할 것입니다. 그렇게 되면 그의 생애는 그의 악한 의지라는 죄 때문이 아니라 어리석음의 죄로 인해 인류에게는 잊혀질 것입니다. 아니면 다른 한편으로 인간은 어떤 특수한 분야를 붙잡고 늘어질 것인데, 그러면 가까운 장래에 이 분야가 갑자기 완전히 바닥을 드러내는 일이 발생하게 됩니다. 이 특수한 분야를 계속적으로 조작해나가기 위해 인간은 자연과 사회에 의해 이미 최상의 상태로 발전해 있을 것이고, 이 분야에 전적으로 자신을 헌신할 것입니다. 인간은 나머지 소질을 도야하는 것을 사회에 이양해버리며, 그는 의도, 노력, 의지를 도야시키는 자신이 선택한 분야에서 나머지 소질들을 지니게 됩니다. 그렇게 해서 인간은 어떤 한 신분을 택하고 그렇게 선택한 신분은 그 자체로 완전히 정당한 것이 되어버립니다. 그러나 이러한 자유의 행위와 모든 것은 도덕법이 우리 행위의 규제자인 한에서는 도덕법 일반 아래 있고, 정언 명령 아래 있습니다. 이 정언 명령을 저는 이렇게 표현합니다. '네 의지 규정들과 관련해서 결코 너 자신과 모순되지 말라!' 이와 같은 정식으로 표현될 때 모든 이는 이 정언 명령에 만족하게 됩니다. 왜냐하면 우리 의지의 규정은 자연이 아니라 단적으로 우리 자신에게 달려 있기 때문입니다.

어떤 한 신분을 선택하는 것은 자유에 기반한 선택입니다. 따라서 어떤 인간도 어떤 신분을 선택하도록 강요당해서는 안 되며, 어떤 신분을 선택하지 못하도록 배제되어서도 안 됩니다. 그렇게 강요하는 모든 개별적 행동과 모든 일반적 시행은 부당합니다. 게다가 한 인간을 어떤 신분이 되도록 강요한다거나 다른 신분이 되지 못하도록 저지하는 것은, 어떤 인간도 타인의 특수한 재능을 완전히 알 수는 없기 때문에 현명하지 못하다고 할 수 있고, 사회의 한 구성원이 부당한 자리를 떠맡게 됨으로써 사회를 위한 한 구성원이 종종 완전히 소멸되어버리기도 합니다. 이러한 사실은 차치하고도, 신분을 강요하거나 저지하는 것 자체가 부당합니다. 왜냐하면 그것은 우리의 행위를 그 행위에 대한 우리의 실천적 개념과 모순되게 하기 때문입니다. 이렇게 모순 상태에 빠지게 되면, 우리는 사회의 한 구성원을 원했지만, 도리어 사회의 도구 하나를 만든 꼴이 되고 맙니다. 그리고 우리는 우리의 위대한 계획에 참여할 자유로운 동업자를 원하지만, 우리는 이 계획에 의해 강요당하고 이 계획을 수행해나가는 도구를 만들게 될 뿐입니다. 이렇게 함으로써 우리는 우리의 제도를 통해 인간 자체를 죽이게 되며, 인간과 사회에 불의를 행하게 되는 것입니다.

321 사회가 우리에게 베풀어준 것을 사회에 되돌려주기 위해서 특정한 신분이 선택되었고, 특정한 재능을 좀더 갈고닦고자 했습니다. 그래서 각자는 자신의 도야된 능력을 사회의 이익을 위해 현실적으로 적용할 의무가 있습니다. 어느 누구에게도 단지 자신만 향유하기 위해 노동하고 자신의 동료들 앞에서 스스로를 경원시하면서 자신의 도야를 동료들에게 무용한 것으로 만들어버릴 권리는 없습니다. 왜냐하면 인간은 사회적 노동에 의해 자신의 도야를 성취할 수 있게 해준 신분에 소속되어온 것이고, 이 도야는 어떤 의미에서는 그 동료들이 만들어낸 것이므로 그들의 소유물이기도 하기 때문입니다. 만일 그가 단지 자신만의 향유를 위해 노동하고 자신의 동료들 앞에서 스스로를 경원하면서 자신이 갈고닦은 것을 동료들에게 무용한 것으로 만들어버림으로써 동료들에게 무용한 사람이 되려고 한다면, 그는 동료들에게서 그

들의 소유물을 약탈한 것이나 마찬가집니다. 각자에게는 사회에 쓸모 있는 사람이 되어야 하는 의무가 있을 뿐만 아니라, 자신이 가지고 있는 최선의 지식을 발휘해 자신의 모든 노고를 사회의 최종 목적으로 향하게 할 의무도 있습니다. 이 최종 목적은 인류를 더 고귀하게 만들고 자연의 강제에서 좀더 자유롭게 하며 좀더 자립적이며 자기 활동적일 수 있도록 할 수 있습니다. 그리고 이렇게 해서 이 새로운 불평등52에 의해 새로운 평등이 생겨나는데, 이렇게 생겨난 평등은 모든 개인 속에서 도야가 균등하게 진행되는 것입니다.

제가 지금 말씀드린 것처럼 사태가 항상 그렇게 좋은 방향으로만 진행되는 것은 아닙니다. 그러나 사회와 사회의 다양한 신분에 대한 우리의 실천적 개념에 따르면 그렇게 될 수밖에 없을 것이며, 우리는 그렇게 되도록 하기 위해 노력할 수 있고 노력해야만 합니다. 특히 학자라는 신분이 이 목적을 위해 얼마만 한 능력을 발휘할 수 있는지 그리고 그렇게 하기 위한 수단이 학자의 위력 속에 얼마나 많이 있는지 하는 문제는 적절한 때에 고찰할 것입니다.

우리가 방금 살펴본 이념을 우리 자신과의 어떤 관계도 고려하지 않고 고찰해보면, 우리는 적어도 우리 외부에서 하나의 유대 관계를 간파하게 됩니다. 이 유대 관계 속에서는 어떤 누구도 타인을 위해서는 노동하지 않으면서 자기 자신만을 위해서 노동할 수는 없으며, 동시에 자기 자신을 위해 노동하지 않으면서 타인만을 위해서 노동할 수도 없습니다. 한 사회 구성원의 발전은 모든 사람을 위한 발전이며, 한 구성원의 실패는 그 사회 구성원 전체에게도 실패이기 때문입니다. 이와 같은 상황은 우리가 매우 다양한 측면에서 살펴본 조화에 의해 서로 친밀하게 도움이 되고 우리의 정신을 강하게 고양시킵니다.

322 사람들이 자기 자신을 주시하면서 이 거대하고 친밀한 유대 관계 속의 구성원으로 자신을 생각하게 될 때 관심[53]은 커지기 마련입니다. 우리의 존엄과 힘에 대한 느낌은 우리들 각자가 말할 수 있는 다음과 같은 것을 우리 자신에게 말할 때 커집니다. 즉 '나의 현존 상태는 헛되지도 않고 목적이 없는 것도 아니다. 나는 최초의 인간에서부터 발전하여 인간의 실존을 충분히 의식하게 되고 마침내 영원성까지 나아가는 거대한 연쇄 사슬의 필연적 구성원이다. 언제나 인간들 중 위대하고 현명하며 고귀했던 모든 사람들, 이들은 인류에게 은혜를 베푼 자들로, 나는 두드러지는 이들의 이름을 세계사에서 읽을 수 있으며, 이들과 더불어 이름 없이 사회에 공헌한 많은 이들이 있는데, 이 사람들은 모두 나를 위해 수고해 온 것이다. 나는 그들이 거둔 결실이다. 나는 그들이 살았던 이 땅에서 그들의 은총을 확산시킬 수 있는 발걸음을 내디딘다. 하려고만 한다면 나는 즉각적으로 그들이 떠맡았던 숭고한 과제, 즉 우리의 인류 동포를 좀더 현명하고 행복하게 만

들려는 과제를 간파할 수 있다. 그리고 그들이 중단해야만 했던 시점에서부터 나는 계속 더 쌓아나갈 수 있다. 나는 그들이 완성하지 못한 채 남겨둔 신성한 사원을 좀더 완성에 가깝게 세울 수 있다'라고 말입니다.

 그러나 '나도 그들처럼 결국 중단해야만 할 거야'라고 모든 사람이 말할 수도 있습니다. 그런데 다음과 같은 생각은 모든 사상 가운데 얼마나 숭고한 사상입니까! 즉 '내가 그와 같은 숭고한 과제를 떠맡기는 하지만 결코 그것을 완수하지는 못할 것이다. 그러므로 그와 같은 과제를 떠맡는 것이 나의 사명이라는 사실이 그렇게도 확실하다면 나는 결코 활동하는 것을 중단할 수 없으며 따라서 결코 존재하기를 중단할 수도 없다. 사람들이 죽음이라고 부르는 것도 내 활동을 중단시킬 수는 없다. 왜냐하면 나의 활동은 완성되어야 하지만 어떤 시대에서도 완성될 수 없기 때문에, 그리고 나의 현존 상황은 시간이 결정하는 것이 아니기 때문이다. 그래서 나는 영원하다. 동시에 나는 그와 같은 위대한 과업을 떠맡음으로써 내 속에 있는 영원성을 그려본다. 나는 험한 바위투성이의 산맥과 난폭한 폭포수와 불바다 속을 떠다니는 천둥 치는 구름을 향해 용감하게 내 머리를 치켜들고 다음과 같이 말한다. 나는 영원하며 나는 너희 위력에 감히 도전한다! 모든 것이 나에게 무너져 내리고 너희 땅과 하늘이 함께 광폭하고도 혼란스럽게 뒤섞이고 너희 자연의 요소 모두가 격노하고 미

323 쳐 날뛰고 광폭한 싸움 속에서 내가 나의 것이라고 생각하는 육체에 남은 마지막 미세한 빛줄기마저 파괴해버린다고 해도, 내 의지는 오직 확고한 계획에 따라 용감하고도 냉정하게 그 모든 천지만사의 잔해 위를 부유할 것이다. 왜냐하면 나는 내 사명을 간파했고 이 사명은 너희 천지만사보다 더 영속적이기 때문이다. 이 사명은 영원하며 나도 이 사명처럼 영원하다'라는 생각 말입니다.

제5장
네 번째 강의

학자의
사명에 대하여

오늘 저는 학자의 사명에 대해 말하고자 합니다.

저는 학자의 사명이라는 이 대상과는 특수한 처지에 있습니다. 여러분 모두 아니면 대부분은 학문을 생업으로 선택했고, 저도 여러분과 마찬가지입니다. 여러분 모두 학문을 생업으로 선택했기 때문에 여러분은 자신의 모든 힘을 학자라는 신분에 명예롭게 속할 수 있도록 쓸 것입니다. 저도 그렇게 했고 지금도 그렇습니다. 학자인 제가 이제 막 학자가 되려는 여러분 앞에서 학자의 사명에 대해 이야기하는 것은 당연하다고 봅니다. 저는 학자의 사명이라는 이 대상을 철저하게 탐구해야만 합니다. 할 수 있는 한 학자의 사명이라는 이 대상을 남김없이 살펴보아야 할 것입니다. 진리를 서술하면서 아무것도 그냥 지나쳐버려서는 안 됩니다. 그리고 매우 존귀하고 숭고하며 다른 모든 신분보다 특히 두드러진 사명을 이 학자라는 신분에서 찾는다면, 당연히 학자의 사명이라는 이 대상을 철저하게 탐구하고 남김없이 살펴보는 일을 해야 할 것입니다. 겸손한 태도를 저버리지 않고, 학자 외의 나머지 신분을 경시하지 않으며, 자만에 현혹되지도 않으면서 저는 그와 같은 사명을 설정할 수 있을까요? 그러나 저는 지금 모든 개념을 날카롭게 규정할 의무가 있는 철학자로서 말하고 있습니다. 학자의 사명이라는 이 개념이 강의의 전체 체계 속에서 다루어야 할 차례가 된 이 시점에서 제가 어떤 말을 할 수 있을까요? 제가 지금까지 이미 인식된 진리를 조금이라도 손상해서는 안 된다는 점이 중요합니다. 진리는 항상 진리이고 겸손도 진리에 속하는데, 겸손으로 인해 진리가 손상된다면 이 겸손은 거짓 겸손입니다.[54] 여러분은 우선 우리가 다루고자 하는 대상을 냉철하면서도 마치 이 대상이 우리와 무관한 것처럼, 이 대상이 우리에게는 완전히 낯선 세계에서 온 개념인 것처럼 탐구할 수 있도록 해주십시오. 여러분은 우리가 제시하는 증거를 점점 더 강화하도록 해주십시오. 제가 적절한 시기에 소홀함 없이 서술해야겠다고 생각하고 있는 다음과 같은 사실을 잊지 않도록 해주십시오. 그것은 바로 모든 신분이 필요하며 모든 신분을 우리가 존경할 만하다는 것입니다. 즉 신분 자체가 아니라 신분의 가치 있는 주장이 개인을 명예롭게 해줍니다. 그리고 각자 자신이 맡은 역할을 최대한 완전하게 수행할 경우에만 더 존경받을 수 있습니다. 마찬가지로 학자는 항상 멀리 떨어져 있는 목표를 세우기 때문에, 그리고 설사 그것에 접근 가능하다고 하더라도 그 목표는 매우 멀리 떨어져 있을 수밖에 없기 때문에 누구보다도 겸손해야 합니다.

'인간에게는 많은 종류의 충동과 소질이 있고, 자신의 모든 소질을 자신이 할 수 있는 한 최대한 도야하는 것이 각 개인의 사명이다. 특히 인간에게는 사회적 충동이 있다. 이 사회적 충동은 인간에게 새롭고 특수한 도야를 제시해주는데, 이 도야는 사회를 위한 것이면서 다른 도야에 비해 훨씬 쉽다. 인간이 자신의 모든 소질을 총체적으로 직접 자연에서 도야하는지, 아니면 인간의 모든 소질을 사회를 통해 간접적으로 도야하려고 하는지에 대해서는 인간에게 규정되어 있는 것이 전혀 없다. 첫 번째 경우, 즉 인간이 자신의 소질을 자연에서 직접 도야하기는 힘들며 사회를 더 진전시키지도 못한다. 따라서 마땅히 각 개인은 보편적인 도야에서 자신이 차지하는 특정한 분야를 사회에서 선택하고, 나머지 것은 사회의 다른 구성원들에게 양도해, 다른 구성원들의 도야에서 생기는 이익을 자신과 함께 나누도록 하며 자신의 이익을 다른 구성원들과 함께 나누기를 기대한다. 이것이 사회 속에 다양한 신분이 존재하는 이유이자 정당한 근거이다.'

이상과 같은 것이 지금까지 제 강의의 결과입니다. 순수한 이성 개념에 따라 다양한 신분을 분류하는 것은 정당하고 가능한 일로, 이렇게 분류하는 일을 하려면 인간의 모든 자연적 소질과 욕구를 남김없이 열거하는 것을 근거로 삼아야만 할 것입니다. 그런데 각각의 소질들을 도야하기 위해서, 또는 다른 말로 하자면 인간 속에 근원적으로 자리 잡고 있는 충동에 근거하는 각각의 자연적 욕구들을 충족시키기 위해 어떤 하나의 특수한 신분이 헌신할 수 있습니다. 이 시간에는 우선적으로 다루어야 할 것을 위해, 이러한 문제를 탐구하는 것, 즉 어떤 신분이 어떤 소질의 도야, 어떤 욕구의 충족을 위해 헌신하는지 하는 문제를 탐구하는 것은 다음 기회로 미루겠습니다.

우리가 사회의 근원을 탐구하면서도 밝혔듯이, 모든 사회가 어떤 지도도 없이 완전히 독자적으로 인간의 자연적인 충동에 의해 설립된다고 한다면, 제가 얘기한 것처럼 위에서 제시된 원칙에 따라 설정된 사회의 완전성이나 불완전성에 의문이 생기게 됩니다. 그리고 이 의문에 답하기 위해서는 우선 '주어진 사회에서는 모든 욕구를 발전시키고 충족시키는 것, 그것도 모든 욕구를 **균등**하게 발전시키고 충족시키는 것이 염려되고 있는가?' 하는 질문에 답해야 할 것입니다. 그리고 만일 그러한 발전과 충족을 염려하고 있다고 하더라도, 주어진 현 사회는 그것이 사회인 한 완전하지 않을 것이며, 그래서 이 사회는 자신의 목표에 **이르지 못할** 것입니다. 사회가 어떤 목표에 이른다는 것은 우리의 지금까지의 고찰을 통해서 보자면 불가능합니다. 오히려 그 사회는 자신의 목표에 필연적으로 점점 더 접근해가야만 하는 것처럼 설정될 뿐입니다. 만일 그 사회가 모든 욕구를 균등하게 발전시키고 충족시키는 것을 염려하지 않는 경우라면 그 사회는 우연한 행운에 의해 도야의 도정에서 더 전진할 수도 있겠습니다. 그러나 그 사회가 우연한 불행에 의해 쇠퇴할 수도 있으리라는 사실을 염두에 두지 않을 경우에만 그렇게 생각할 수 있을 것입니다.[55]

인간의 모든 소질을 균형 있게 발전시키는 데 대한 염려는, 우선 인간의 전체적인 소질이 무엇인지에 대한 지식을 전제하며, 다음으로 인간의 모든 충동과 욕구들에 관한 학문을 전제하고, 인간의 전체적인 본질에 대한 역사적인 측정을 전제합니다.[56] 그러나 이렇듯 전체 인간에 대한 완전한 지식은 그 자체가 곧 발전되어야만 하는 소질에 바탕을 두고 있습니다. 왜냐하면 인간에게는 무엇보다도 알려고 하는 충동, 그것도 특히 자신에게 필요한 것이 무엇인지를 알려고 하는 충동이 있기 때문입니다. 그러나 이 소질이 발달하기 위해서는 한 인간의 전 생애와 모든 힘이 필요합니다. 특수한 한 신분이 간절히 요구하는 어떤 공통된 충동이 있다면, 그것이 바로 이 알려고 하는 충동일 것입니다.

그러나 인간의 소질과 욕구를 발전시키고 충족시킬 수 있는 학문이 결여된 그것들에 대한 단순한 지식은 가장 애처롭고도 열등할 것입니다.[57] 뿐만 아니라 그와 같은 지식은 동시에 공허하고도 완전히 쓸모없는 지식일 것입니다. 결점을 고칠 수 있는 어떤 수단들을 제시해주지 않으면서 내 결점을 나에게 지적해주는 사람들은 저를 매우 적대적으로 대합니다. 이런 사람들은 나를 욕구의 감정으로 이끌고 가기는 하지만 이 욕구를 충족시킬 수 있는 상태로 이끌지는 못합니다. 이런 사람들은 기꺼이 나를 동물적인 무지 상태로 방치해버릴 것입니다! 간단히 말하자면, 그와 같은 지식은 사회에 필요한 지식이 아니며, 이 지식을 얻기 위해 사회가 그러한 지식을 지니고 있을 법한 특수한 신분을 갖추어야만 될 지식도 아니라는 것입니다. 왜냐하면 그와 같은 지식은 인류를 완전하게 하는 것을 목표로 하지도 않을 것이고, 인류를 완성함으로써 인류의 통합을 당위적인 목표로 삼지도 않을 것이기 때문입니다. 따라서 그러한 욕구의 지식과 **욕구가 충족될 수 있는 방법을 의미하는 수단**의 지식은 통합되어야만 합니다. 그리고 이 수단의 지식은 당연히 같은 신분에 동일하게 속합니다. 왜냐하면 어느 누구도 다른 사람 없이 완성될 수 없고, 더구나 활동적이거나 살아 있을 수도 없기 때문입니다. 첫 번째 종류의 지식, 즉 근원적으로 알려고 하는 욕구에서 나온 지식은 순수한 이성 명제에 바탕을 두고 있으며 철학적입니다. 두 번째 종류의 지식, 즉 욕구에 따르는 수단의 지식은 부분적으로 경험에 의거하고 있기 때문에 **철학적이면서 역사적**입니다. 그러나 이 지식은 단순히 역사적인 것은 아닙니다. 왜냐하면 경험에서 주어진 대상들을 오직 철학적으로만 인식될 수 있는 목적에 이르기 위한 수단으로 판정할 수 있기 위해서는, 철학적으로만 인식될 수 있는 목적을 경험에서 주어진 대상과 연관시켜야만 하기 때문입니다. 그런데 이 두 번째 지식은 사회에 유용하게 적용되어야 합니다. 따라서 인간이 어떤 소질이 있으며 어떤 수단을 통해 우리가 그 소질들을 발전시킬 수 있는가를 아는 것만이 중요한 문제가 아닙니다. 이러한 것만 아는 지식은 점점 더 완전히 무익한 것이 되고 말 겁니다. 진정 사회가 원하는 대로 유익하게 되려면 지식은 여기서 한 걸음 더 나아가야만 합니다. 우리가 바로 사회 구성원인 그 사회가 어떤 특정 시점에서 도야의 어떤 특정한 단계에 있는지 알아야 합니다. 또 우리는 도야의 어떤 특정한 단계가 이 사회를 지금 현 상황으로부터 한 단계 높이 향상시킬 것이며, 그렇게 하기 위해서는 이 사회가 어떤 수단들을 이용할 것인지 알아야 합니다. 우리는 무엇보다도 이성적인 근거로 특정한 모든 경험에 앞서는 경험 일반의 전제 아래 인류의 행보를 짐작할 수 있습니다. 우리는 인류가 도야의 특정한 정도에 이르기 위해 넘어야만 했던 개별 단계들에 대해 대략적으로 진술할 수는 있습니다. 그러나 인류가 특정한 시점에서 현실적으로 서 있는 그 단계를 진술하는 것, 이것을 우리는 단순한 이성적 근거로 분명하게 진술할 수는 없습니다. 그러한 단계들에 대해서는 우리는 경험에게 물어보아야만 합니다. 즉 우리는 전 시대에 일어난 일들을 철학에 의해 여과된 관점을 가지고 살펴보아야만 하며, 자신의 주위를 둘러보고 동료들을 관찰해보아야 합니다. 따라서 사회에 필수적인 지식이라고 할 수 있는 이 마지막 부분은 단순히 역사적입니다.

이상에서 제시된 세 가지 인식[58]을 통합적으로 생각해보면, 이 지식들을 우리는 박식(博識)[59]이라고 칭하거나 아니면 적어도 단적으로 그렇게 칭해야만 합니다. 만일 이 세 가지 인식들이 통합되지 않는다면 이 지식들은 단지 협소한 유용성만을 제공할 것입니다. 그리고 이 세 가지 지식을 획득하기 위해 자신의 생애를 헌신하는 사람이 바로 학자입니다.

각 개인이 이와 같은 세 가지 종류의 지식에 따라서 인간 지식의 전 범위를 포괄해야만 하는 것은 아닙니다. 이러한 일은 거의 불가능하며, 그렇기 때문에 이러한 일을 성취하려고 애쓰는 것은 아무런 소득도 없습니다. 그리고 사회에 이득이 될 수도 있는 한 구성원의 전 생애가 그 자체로 아무 소득도 없이 허비될 것입니다. 개인들은 그와 같은 전 영역에서 개별 부분들 간의 경계를 정하는 것이 좋습니다. 그러나 각자는 자신이 맡은 부분을 그와 같은 세 가지 관점, 즉 철학적 관점, 철학적이며 역사적인 관점, 그리고 단순히 역사적인 관점에 따라 해나가야만 할 것입니다. 이를 통해 저는 제가 다른 기회에 더 전개해나갈 다음과 같은 사실을 단지 잠정적으로만 암시했을 뿐입니다. 즉 '철저한 철학 연구는 만일 그 철학이 오직 철저하기만 하다면 경험적 지식을 획득하는 것을 전혀 불필요한 것으로 취급하지는 않으며, 오히려 철학은 경험적 지식의 불가피함을 가장 설득력 있게 대변해준다'는 사실을 저의 증언을 통해서 잠정적으로나마 단언합니다. 이러한 모든 지식의 목적은 위에서 제시한 것과 같습니다. 즉 '이러한 지식들을 통해 인류의 모든 소질을 균일하게 그리고 항구적으로 진전시키고 발전시켜나가는 것을 염려하는 것'이 바로 그것입니다. 여기서 학자라는 신분의 진정한 사명이 무엇인가라는 질문에 대한 답이 나옵니다. 즉 그것은 보편적으로 인류의 현실적 진보에 최대한 주의를 기울이고 이러한 진보를 항구적으로 촉진하는 것입니다. 여러분, 저는 지금 제시된 이 고귀한 이념에 제 감성이 아직까지 매료되지 않도록 하기 위해 애쓰고 있습니다. 왜냐하면 냉철한 탐구의 길이 아직 끝나지 않았기 때문입니다. 그러나 저는 학문의 자유로운 진행을 저해하려고 하는 사람들이 본래 행할 수도 있는 점에 주목하고자 합니다. 저는 '행할 수도 있는'이라고 말했습니다. 왜냐하면 제가 그와 같은 종류의 사람들이 있는지 없는지 어떻게 알 수 있겠습니까? 그래서 그렇게 말한 것입니다. 인류 전체의 진보는 학문의 진보에 직접적으로 의존하고 있습니다. 학문의 진보를 저지하는 사람은 인류의 진보를 저지하는 것입니다. 그리고 인류의 전체적 진보를 저지하는 사람은 동시대인과 후세대 앞에서 공공연하게 어떤 성격을 보여주겠습니까? 그 수천 마디 말이나 행동에 의한 것보다 더 크게 외치면서 그는, 듣지 않으려고 하는 세계와 후세에게 다음과 같이 주장하고 있는 것입니다. '내 주위의 인간들은 적어도 내가 살아 있는 동안에는 더 현명해질 수도 더 선해질 수도 없다. 왜냐하면 그들의 강제적인 진보에서 나는 어떤 저항에도 불구하고 적어도 어떤 것에 감동되어 휩쓸려버릴 것이기 때문이다. 그리고 이 점을 나는 증오한다. 나는 계몽되지 않을 것이며 고귀해지기도 싫다. 암흑과 부조리가 나를 지배하며 나는 그것들에 의해 혼란스러워지지 않도록 전력을 다할 것이다'라고 말입니다. 인류는 모든 것을 결여할 수도 있고, 우리는 인류의 진정한 존엄성에 다가가지 못한 채 인류에게서 모든 것을 빼앗을 수도 있습니다. 그러나 완전해질 수 있는 가능성만은 인류에게서 빼앗을 수 없습니다. 이러한 염세가들은 냉철하고도 성서가 묘사한 염세적인 존재보다 더 빈틈없이 숙고하면서 타산적으로 계산해왔고, 인간성을 핵심에서 분쇄하기 위해 가장 신성한 심연에서 그들이 인간성을 논박해야만 할 자리를 마련해왔습니다. 그리고 이 염세가들은 이렇게 할 수 있는 길을 발견하기도 했습니다. 그러나 인류는 그들의 모습을 마땅찮게 생각하여 외면해버립니다. 그러면 우리는 우리의 탐구로 되돌아가봅시다.

학문은 그 자체로 인간적 도야의 한 부분입니다. 인간적 도야의 각 부분은 인류의 모든 소질이 더욱 도야될 경우 분명히 더욱더 촉진되기 마련입니다. 따라서 특수한 신분을 선택한 모든 인간과 마찬가지로, 당연히 학자들도 모든 학문, 특히 그에 의해 선택된 학문 분야를 촉진하려고 노력해야 합니다. 이것이 각자 자신의 분야를 가지고 있는 사람들과 마찬가지로 학자의 소임입니다. 더구나 학자에게는 그보다 더한 소임이 있습니다. 학자는 그 외의 신분들이 진보하는 것을 감독하고 그렇게 되도록 촉진해야 합니다. 그런데 학자는 스스로 진보하기를 원하지 않을까요? 인간적 도야의 나머지 모든 분야에서의 진보가 학자 자신의 진보에 달려 있습니다. 다른 분야에 길을 터주고 그 길을 탐색하며 다른 분야를 이 길로 인도하기 위해서는, 학자의 진보가 다른 이들의 진보보다 항상 먼저 있어야만 합니다. 과연 학자가 뒤처지기를 바랄까요? 아마도 한순간 학자는 자신의 본분을 망각할 수도 있을 것입니다. 하지만 그는 학자 외의 다른 것일 수 없기 때문에, 전혀 다른 것이 될 수는 없습니다. 저는 모든 학자가 자신의 분야를 **현실적으로** 촉진시켜야만 한다고 말하는 것은 아닙니다. 그가 만일 그렇게 할 수 없다면 어떻게 되겠습니까? 그러나 저는 학자가 자신의 분야를 촉진하려고 **노력해야** 하고 그것을 중단해서는 안 되며 자신의 분야를 촉진함으로써 비로소 그의 의무를 다했다고 생각해서도 안 된다고 말하고 싶습니다. 그는 살아 있는 한 자신의 분야를 더욱더 촉진할 수 있을 겁니다. 그가 자신의 목표에 이르기도 전에 죽음이 그를 재촉하는 경우라면, 그는 이 현상계의 의무에서 해방되고, 목표에 이르고자 노력한 그의 진지한 의지 자체가 의무의 완수로 평가됩니다. 모든 인간에게 다음과 같은 규칙이 중요하다면, 그 규칙은 학자에게는 특히 더 중요합니다. 이 규칙은 '학자는 자신이 행한 것을 그가 행하자마자 곧 잊어버리며 그가 해야 하는 것만을 항상 생각한다'는 것입니다. 학자가 그의 분야에서 내디딘 모든 발걸음에도 불구하고 그의 분야가 확장되어 있지 않다고 생각하는 사람은 아직까지 진보한 것이 아니라고 할 수 있습니다.

330 학자에게는 특히 사회에 대해 다음과 같은 사명이 있습니다. 즉 '학자의 사명은 그가 학자인 한 어떤 신분보다도 더 사회에 의해서만, 사회를 위해서만 존재한다'는 것입니다. 따라서 학자에게는 특히 **수용력과 전달력**이라는 사회적 재능들을 가능한 한 최상으로 자신의 내면에서 도야시킬 의무가 있습니다. 수용력은 그가 적절한 방식으로 적절한 경험적 지식들을 획득했다고 한다면 미리 탁월하게 도야되어 있어야만 할 것입니다. 학자는 자신의 학문 분야에서 이미 자신 이전에 있었던 것들에 익숙해져야만 합니다. 즉 그는 존재하던 것들을 구두로든 책으로든 상관없이 가르침을 통해서만 배울 수 있었을 것이고, 단순한 이성적 근거들을 바탕으로 숙고하는 것으로는 그 전에 존재하던 사실들을 발전시키지 못

했을 것입니다. 그러나 그는 꾸준히 배움을 더해가면서 이러한 수용력을 유지해야만 합니다. 그리고 그는 수용되는 경험적 지식들로부터 종종 자신을 고수해야 하며, 때로는 낯선 의견과 서술 방식 앞에서도 탁월하게 스스로 사유하는 이들에게서 나타나는 철저한 과묵함을 지키려고 노력해야만 합니다. 왜냐하면 더 배우지 않아도 될 정도로 충분히 교육받은 사람은 아무도 없으며, 매우 필요한 것을 가끔씩 배우지 않아도 될 정도로 충분히 교육 받은 사람도 없기 때문입니다. 동시에 가장 학식 있는 사람조차도 모를 수 있는 것을 말해주지 못할 만큼 무지한 사람은 없기 때문입니다. 학자에게는 전달력이 필요합니다. 왜냐하면 그는 자신의 지식을 자기 자신을 위해서가 아니라 사회를 위해서 지니고 획득하기 때문입니다. 그는 젊은 시절부터 자신의 지식을 갈고닦아야 하며 그것을 꾸준히 활동하면서 유지해야 합니다. 어떤 수단으로 그렇게 할 수 있는지는 적절한 시기에 살펴볼 것입니다.

학자는 사회를 위해 획득된 자신의 지식을 현실적으로 사회에 쓸모 있게 사용해야 합니다. 그는 사람들을 진정한 욕구의 감정으로 인도해야 하며 그러한 욕구를 충족시킬 수 있는 수단들을 익히도록 해주어야 합니다. 그러나 이렇게 말한다고 해서, 확실하고 확고한 어떤 것을 발견하기 위해 학자가 계획해야만 했을 법한 심오한 탐구를 학자가 아닌 다른 사람과 함께 해야만 한다는 것은 아닙니다. 만일 심오한 탐구를 학자가 아닌 다른 사람들과 함께 해야만 한다면, 학자는 할 수만 있다면 모든 사람을 위대한 학자로 만들고자 하는 일에 관여하는 꼴이 되고 말 것입니다. 그러나 이것은 불가능하며 목적에 맞지도 않습니다. 학자가 해야 하는 일 외의 다른 일들도 행해져야 하며, 그러기 위해서 학자 외의 다른 신분도 있는 것입니다. 그리고 마찬가지로 다른 신분이 자신의 시간을 학자적인 탐구에 헌신해야만 하는 경우라면 학자도 학자이기를 즉시 중단해야 할 것입니다. 그러나 도대체 학자는 자신의 지식들을 어떻게 확장할 수 있으며 확장해야만 하는 것입니까? 다른 사람들의 성실성과 숙련성을 신뢰하지 않는다면 사회는 존립할 수 없습니다. 이것에 관한 신뢰는 우리 가슴속에 아로새겨져 있습니다. 그리고 우리는 자연의 특별한 은혜에 의해, 우리에게 다른 사람의 성실성과 숙련성이 가장 절박하게 필요한 것만큼 이러한 신뢰를 지니게 됩니다.[60] 학자는 마땅히 그러해야 하는 것처럼 자신이 신뢰를 받고 있을 경우, 남들이 얼마나 자신의 성실성과 숙련성을 신뢰하는지 살펴볼 필요가 있습니다. 더구나 모든 인간 속에는 진리에 대한 느낌이 있습니다. 그런데 이 느낌만으로는 충분하지 못하기에 발전되고 시험되고 순화되어야 합니다. 이와 같은 일이 학자의 임무입니다. 무지한 자를 진리로 이끌고 가려면 진리에 대한 감정만으로는 충분치 않을 것입니다. 그런데 그와 같이 감정을 발전시키고 시험하고 순화시키는 일이 인위적으로 잘못되지는 않는다고 하더라도, 만일 자칭 학자 대열에 속하고자 하는 사람들에 의해 종종 일어나는 것처럼 잘못되는 일이 일어난다면, 이러한 경우에는 다른 사람이 무지한 자를 진리로 인도한다고 할지라도 이 무지한 자가 진리를 위한 심오한 근거 없이 진리를 인정해버리는 일이 충분히 가능하게 됩니다. 학자는 이러한 진리에 대한 감정을 염두에 둘 필요가 있습니다. 그러므로 학자는 우리가 지금껏 살펴본 바에서 보자면 그의 사명의 측면에서 인류의 스승입니다.

그러나 학자는 사람들이 일반적으로 욕구와 그 욕구를 충족시키는 수단들에만 익숙해지도록 해서는 안 됩니다. 이 경우에 학자는 사람들이 특히 각 시대에 각 장소에서 특정한 상황하에서 생기는 욕구와 당면한 임무를 완수할 수 있는 어떤 특정한 수단으로 인도해야 합니다. 그리고 학자는 현재뿐만 아니라 미래도 내다봅니다. 그는 지금 서 있는 곳만 보지 않습니다. 인류가 최종 목표점을 향한 길 위에 있고 그 길에서 벗어나지 않고 그 길로 되돌아와야 할 경우 인류가 나아가야 할 방향을 내다봅니다. 학자는 인류가 눈에 빛을 발하는 그러한 지점으로 갑자기 도약할 것을 요구할 수는 없습니다.[61] 인류는 자신의 노정에서 비약할 수 없습니다. 학자는 인류가 정체되거나 퇴보하지 않는지를 염려할 뿐입니다. 이러한 점들을 고려해보면 학자는 인류의 교사입니다. 지금까지 저는 학자가 이와 같은 소임과 다른 모든 소임에서 도덕법의 영역 아래 있고, 마땅히 자기 자신과 일치하고 있다는 점을 강조했습니다. 학자는 사회에 영향을 미치고 사회는 자유 개념에 바탕을 두고 있습니다. 사회와 사회의 모든 구성원은 자유롭습니다. 학자는 사회를 도덕적 수단을 통해서 다루어야 합니다. 학자는 **강제적 수단으로**, 물리적 강제력을 사용하여 사람들이 학자 자신의 신념을 수용하게 하려는 유혹에 빠져서는 안 됩니다. 만일 그렇더라도 사람들은 이러한 어리석은 짓을 지켜보기만 할 것입니다. 그러나 학자는 사회를 **기만해서는 안 됩니다**. 그렇게 되면 학자는 스스로에게 부정을 행하게 되며, 앞서 이야기한 경우에서처럼 다른 사람의 의무가 학자의 의무보다도 더 고귀한 것일 수 있다는 사실은 차치하고라도, 학자는 사회를 기만함으로써 동시에 사회에 부정을 저지르게 됩니다. 사회에서 모든 개인은 자유로운 선택과 **자신이 충분히 판단한** 신념에 따라 행동해야만 합니다. 각 개인은 자기 스스로를 자신의 모든 행위에 있어서 '함께 하는 목적'[62]으로 간주할 수 있어야 하고 모든 사회 구성원도 그렇게 생각할 수 있어야 합니다. 기만당하는 사람은 단순한 수단으로 취급됩니다.

모든 개별 인간의 최종 목적이자 전 사회의 최종 목적이면서 사회에서 학자의 모든 과업의 최종 목적이기도 한 것은 바로 전 인간을 도덕적으로 교화하는 것입니다. 이 최종 목적을 항상 제시하면서 그가 사회에서 행하는 모든 측면에서 이 목적을 염두에 두는 것이 학자의 의무입니다. 그러나 스스로 선한 사람이 아닌 자라면 누구도 운 좋게 도덕적 교화에 종사할 수는 없습니다. 우리는 단순히 말을 통해 배우지 않고 본보기를 통해 훨씬 더 철저하게 배웁니다. 사회 속에서 살아가는 모든 사람은 그 사회에 선한 본보기가 되어야 할 책임이 있습니다. 왜냐하면 모범의 위력은 사회에서의 우리의 삶을 통해서만 비로소 생길 수 있기 때문입니다. 더욱이 도야의 모든 측면에서 나머지 신분을 선도해야만 하는 학자는 이러한 일에 얼마나 책임이 크겠습니까! 어떻게 학자는 모든 도야를 목적으로 하는 최상의 입장을 유지할 수 있습니까? 어떻게 학자는 학자로서 마땅히 그러해야 하는 모범적인 실례가 될 수 있을까요? 어떻게 그는 대중이 보는 앞에서 자신의 생애에 걸친 온갖 행위를 통해서 자신에게 반대하던 타인들이 자신의 가르침을 따를 것이라고 생각할 수 있을까요? 기독교의 창시자가 자신의 제자들에게 가르쳐준 교훈, 즉 "너희는 세상의 소금이 되어라. 만일 소금이 효능을 상실해버리면 무엇으로 우리는 맛을 내겠는가?"[63]라는 말씀은 학자에게 매우 중요합니다. 사람들 중에서 선택된 자가 부패하면 우리는 어디서 도덕적인 선을 찾을 수 있겠습니까? 그러므로 이러한 최종적인 관점에서 고찰해보면, 학자는 자신의 시대에서 도덕적으로 가장 선한 사람이어야 합니다. 그는 자신이 살고 있는 시대에서 가능한 도덕적 도야의 최고 단계를 자신의 내면에서 보여주어야 합니다.

여러분,[64] 이것이 우리의 공동 사명이며 공동 운명입니다. 보편적인 소명으로 인해서 인간이라면 누구나 행해야 할 것을 행하도록 자신의 특별한 소임에 의해 사명을 부여받은 행복한 운명, 현명한 검소함으로 자신의 시간과 힘을 절약해야 할 것만을 위해서 시간과 힘을 사용해야 할 행복한 운명, 이 운명을 자신의 생애의 할 일과 소임과 유일한 일상으로 삼으십시오! 물론 일상이라는 것이 학자가 아닌 다른 사람에게는 일에서 벗어나 휴식하는 것일 수 있을 테지만 말입니다. 여러분 각자의 사명에 걸맞은 것은 바로 여러분 중 각자가 지닐 수 있는 강렬하고 고결한 다음과 같은 생각입니다. '나에게는 내 몫으로 맡겨진 우리 시대와 다음 시대를 가꾸어나가야 할 임무가 있다. 앞으로 이루게 될 미래 인류의 행보와 모든 민족의 세계사가 나의 노고로 발전할 것이다. 나는 진리에게 그 증거를 보여주어야 할 소명을 받았다. 내 생애와 운명에는 아무것도 남아 있지 않지만 내 생애의 결과로는 무한히 많은 것이 남게 될 것이다. 나는 진리의 전도사이다. 나는 진리에 봉사한다. 나는 진리를 위해 모든 것을 해내고 감행하며 고통을 감당해야 할 의무가 있다. 내가 진리로 인해 박해받고 미움을 살지라도, 또한 진리에 봉사하면서 계속 수고해야만 하더라도, 내가 어떤 기적적인 일을 할 수 있으며 단적으로 내가 해야만 할 것 이상을 할 수 있겠는가?' 하는 생각 말입니다.

여러분, 저는 제가 지금 얼마나 많은 것들을 말했는지를 알고 있습니다. 또한 저는 거세되고 무신경한 이 시대가 이렇게 진리를 감지하고 표현하는 것을 참지 못하리라는 것도 잘 알고 있습니다. 이 시대는 스스로 이를 수 없는 모든 고귀한 상태를 부끄럽고 소심한 어투로 몽상이라고 칭합니다. 그리고 도리어 화를 버럭 내면서 애써 외면해버립니다. 그러나 강력하고 고귀한 모든 것은 이런 모습에 영향을 미쳐 모든 부분에서 마비된 것을 감동시키기 마련입니다. 저는 이와 같은 모든 사실을 알고 있습니다. 그러나 저는 또한 이렇게 말하는 제 입장이 어떤지도 잘 알고 있습니다. 저는 지금 이미 수년 동안 이와 같이 매우 무신경한 상태로부터 자신을 지켜온 청년들 앞에서 연설을 하고 있고, 이러한 무신경한 상태에 대해 그들이 지켜낼 수 있는 감각을 기백 있는 도덕설을 통해 그들의 영혼 깊이 심어주고 싶습니다. 좀더 씩씩한 사고방식과, 숭고성과 존엄에 대한 좀더 강한 감정과, 자신의 사명을 모든 위험을 감수하고 완수하려는 불타는 정열을, 독일어로 표현할 수 있고 제가 할 수 있는 한 모든 방면으로 더욱 확장하기 위해서, 저는 제가 미리 예상한 이와 같은 관점에서 어떤 것을 촉구하고 싶다는 것을 솔직히 고백합니다. 여러분이 이 자리를 떠나 각자의 자리로 흩어지게 될 때, 여러분이 살고 있을 모든 곳에서 여러분 스스로가 선택한 벗이 바로 진리가 될 수 있는 그런 사람이 되기를 진심으로 바라는 바입니다. 진리를 벗하는 사람들은 삶에서도 죽음에서도 진리를 고수할 것입니다. 그들은 진리가 세계에서 추방당하더라도 진리를 받아들일 것입니다. 이들은 진리가 비방 받고 모독되는 시기에도 공개적으로 진리를 보호할 것입니다. 이들은 진리를 위해서는 위대함의 이면에 교활하게 숨어 있는 증오나 익살 속에 스민 김 빠진 웃음, 그리고 애처롭게 의기소침한 사소한 감정을 기꺼이 참아낼 것입니다. 저는 지금까지 이러한 관점에서 말해온 것이고, 최종 관점을 유지하면서 저는 여러분에게 말하고자 하는 모든 것을 말할 것입니다.

제6장
다섯 번째 강의

예술과 학문이 인류의 복지에 미치는 영향에 대한 루소의 주장 검토

대립하는 오류들 간의 다툼은 **진리를 발견하는 데 아무런** 335
도움이 되지 않습니다. 진리가 고유한 원칙에 의해 정당한 추론에 따라 도출될 경우에는, 그 진리에 반대되는 모든 것은 특별한 반박 없이도 반드시 거짓이 될 수밖에 없습니다. 그리고 어떤 지식에 이르기 위해 가야만 할 전체 길을 내다 보면, 이 전체 길에서 벗어나 잘못된 사견에 이르게 하는 샛길들을 쉽게 간파하게 되고, 잘못을 저지르는 모든 이에게 그들이 오류를 저지르게 되는 바로 그 이유를 특별히 지시해 주는 입장에 있게 될 것입니다. 왜냐하면 모든 진리는 오직 단 하나의 원칙에서만 인식될 수 있기 때문입니다. 모든 특정한 과제에서 이 원칙이 무엇인가 하는 것은 지식학이 철저하게 서술해야만 할 문제입니다. 어떻게 그와 같은 원칙에서 연역해낼 것인가의 문제는 일반 논리학이 지시해주며, 이렇게 되면 진정한 길뿐만 아니라 잘못된 길도 쉽게 찾을 수 있을 것입니다.

그러나 서로 대립되는 견해를 인용하는 것은 발견된 진리를 명확하고 분명하게 하는 데 큰 도움이 됩니다. 오류와 진리를 비교함으로써 우리는 오류와 진리가 구별되는 특징에 좀더 주목하게 되고, 좀더 뚜렷한 규칙으로 분명하게 스스로 구별되는 특징을 사유하게 됩니다. 제가 지금까지 여러분에게 했던 강의 내용을 짧고 명확하고 일관되게 보여드리기 위해 오늘 이렇게 비교하는 방법을 사용하고자 합니다.

336 저는 인류의 사명을 문화가 지속적으로 진보하고 모든 인류의 소질과 욕구가 균등하게 지속적으로 발전한다는 사실로 확정해놓았습니다. 그리고 저는 진보와 이러한 발전의 지속성을 감시할 수 있는 신분[65]에게 인간 사회에서 매우 명예롭게 받아들여지는 지위를 지정해주었습니다.

이러한 진리에 대해 그럴듯한 근거를 가지고 설득력 있는 논변술로 가장 강력하게 반대한 사람이 바로 루소였습니다.[66] 루소에게 문화의 진보는 온갖 인간적 타락의 유일한 원인입니다.[67] 그에 따르면 인간에게 자연 상태보다 더한 은총은 없습니다. 그리고 루소의 원칙에 곧바로 뒤따르는 것은, 문화의 진보를 가장 촉진시키는 그와 같은 신분, 즉 학자 신분은 모든 인간적 곤궁과 타락의 원천이자 핵심이라는 것입니다.[68]

그러나 자신의 정신 세계를 매우 고매하게 갈고닦은 루소 같은 사람만이 그와 같은 주장을 펼칠 수 있습니다. 이러한 특출한 도야 과정을 통해 루소 자신이 갖추게 된 모든 우월적 지위를 이용해, 자연 상태로 되돌아가도록 가능한 한 전 인류를 설득하고 그의 주장의 정당성을 인정받기 위해 루소는 노력했습니다. 루소에게는 복귀가 진보인 것입니다. 즉 그에게는 과거에 떠나버린 자연 상태가 최종 목표이며, 지금 타락하고 잘못 도야된 인류가 궁극적으로 이르러야 하는 곳이 바로 이 자연 상태입니다. 이렇게 되면 루소는 우리가 위에서 살펴본 바 그대로를 실행한 거나 마찬가지입니다. 다시 말해 그는 인류를 자신의 방식대로 더욱 진전시키면서 인류의 최종 목표를 향한 진보를 촉진시키려고 노력하는 것과 마찬가지입니다. 따라서 루소는 자신이 그렇게도 통렬히 비난했던 것을 그 자신이 실행하고 있는 것입니다. 그래서 루소의 행동은 그의 원칙과 모순됩니다.[69]

동시에 루소의 원칙 자체에도 모순이 지배하고 있습니다. 루소가 가슴에 품고 있는 어떤 충동이 그를 그렇게 행동하게 했습니까? 루소가 이 충동을 유심히 살펴보고 자신을 오류에 이르게 한 것과 함께 이 충동을 고려해보았더라면, 루소 자신의 행동 방식에서뿐만 아니라 추론 방식에서도 통일성과 합치점이 있었을 것입니다.[70] 우리가 첫 번째 모순을 해결하게 된다면, 우리는 두 번째 모순도 동시에 해소하게 될 것입니다.[71] 첫 번째 모순의 합치점은 동시에 두 번째 모순의 합치점이기도 하기 때문입니다. 우리는 이러한 점을 발견하고 모순을 해결할 것입니다. 그렇게 해서 우리는 루소 자신이 스스로를 이해했던 것보다 더 잘 루소를 이해하게 될 것이며, 루소를 루소 자신뿐만 아니라 우리와의 완전한 합일 상태에서 대면하게 될 것입니다.

루소는 무엇 때문에 그 전에 다른 사람들이 언급하기는 했지만 일반적으로는 보통의 의견과는 완전히 상충되는 그와 같은 놀랄 만한 명제72를 주장하고자 했을까요? 루소는 더 상위의 원칙에서 단순히 형식적 추론에 의해 그 명제를 도출해냈습니까? 절대 그렇지 않습니다! 루소는 어떤 측면에서도 인간의 모든 지식의 근거에 이르지 못했습니다. 그는 모든 지식의 근거에 대해서 질문조차 제기하지 않은 것 같습니다. 루소가 진리로 삼은 것은 직접적으로 루소 자신의 감정에 바탕을 두고 있습니다. 따라서 그의 지식은 단순히 미숙한 감정에 바탕을 둔 모든 지식이 지닐 수 있는 오류를 지니고 있습니다. 한편으로 그의 지식은 **불확실**합니다. 왜냐하면 우리는 루소의 감정을 완벽하게 변론할 수가 없기 때문입니다. 다른 한편으로 그의 지식에는 **진리와 진리가 아닌 것이 섞여** 있습니다. 왜냐하면 미숙한 감정에 근거하고 있는 판단은 항상 의미가 같지 않은 것을 의미가 같은 것으로 간주하기 때문입니다. **감정** 자체는 오류를 저지르지 않지만 **판단력**은 오류를 저지릅니다. 왜냐하면 판단력은 감성을 부당하게 해석하고 불순한 감정을 순수한 감정으로 취급하기 때문입니다. 루소는 항상 자신이 반성의 근거로 삼은 미숙한 감정으로부터 정당하게 추론을 했습니다. 이성 추리의 영역과만 관련해서 보자면, 루소는 자기 자신과 일치했습니다. 그렇기 때문에 루소는 그처럼 사유할 수 있는 독자들을 꼼짝없이 매혹시켜버렸습니다. 추리 과정에서 자신의 감정이 외부에서 어떤 영향을 받았더라면, 루소의 감정은 애초에 루소가 그 감정으로 인해 잘못 벗어났던 길로 그를 되돌려 놓았을 것입니다. 그와 같은 오류를 저지르지 않으려면, 루소는 자신보다 현명한 사상가가 되어야 했거나 아니면 자신보다 열등한 사상가가 되어야만 했을 것입니다. 그리고 루소를 따라서 오류를 저지르지 않기 위해서 우리는 루소보다 매우 높은 수준의 통찰력을 지니든지 아니면 루소보다 못한 수준에 그치든지 또는 완전한 사상가가 되든지 아니면 아예 사상가가 되지 않든지 해야 할 것입니다.

더 거대한 세계와는 고립된 채, 자신의 순수한 감정과 생생한 상상력에 이끌려 루소는 세계의 모습과 특히 학자 신분의 모습을 그렸습니다. 특히 루소 자신도 이 학자 신분의 일에 종사한 적이 있습니다. 루소는 세계와 학자 신분에 대한 모습을 그릴 때 세계와 학자가 그러해야만 하고 그리고 앞서 말한 공동 감정에 따를 경우 필연적으로 지금도 그래야 하고 나중에도 그래야 할 모습을 그렸습니다. 그러나 루소가 더 거대한 세계 속에서 자신의 눈을 자기 주변으로 향하고, 그가 현실적으로 존재하는 세계와 학자들을 보았을 때 그에게 어떤 일이 일어났을까요! 보려고 하는 사람은 누구나 어디서든 볼 수 있는 상황을 루소는 매우 높은 곳에 올라서서 목격했습니다. 즉 그는 고귀한 존엄과 신적인 섬광을 스스로 예감하지 못하면서 동물처럼 땅 위를 기어다니며 티끌처럼 덧없는 것에 매여 있는 사람들을 목격했습니다. 그리고 루소는 이러한 사람들이 자신의 기쁨과 슬픔과 모든 운명을, 욕구가 충족되면 언제나 고통스럽기까지 한 저급한 감성을 충족시키는 데 의존하고 있는 상황을 목격했습니다. 또한 루소는 어떻게 이 사람들이 이 저급한 감성을 충족시키면서 정의나 불의도 신성한 것도 부정한 것도 고려하지 않는가를 보았습니다. 또한 어떻게 그들이 항상 그저 떠오른 최초의 착상을 위해 전 인류를 희생시키려 하는지도 보았습니다. 그리고 결국 어떻게 그들이 정의와 부정에 대한 모든 감각을 상실해버리고 자신의 지혜를 이익을 얻으려는 기술로, 의무를 쾌락을 만족시키려는 것으로 바꾸어놓았는지를 알게 되었습니다. 그리고 마침내 루소는 어떻게 그들이 자신의 숭고함을 실추시키고 이렇게 치욕스러운 짓을 저지르면서도 자신의 명예를 추구하려 했는지를 목격했습니다. 그리고 루소는 어떻게 그들이 자신만큼 현명하지도 덕을 갖추지도 못한 사람들을 경멸하면서 얕잡아 보는지 목격했습니다. 그리고 우리가 이제 마침내 독일에서 볼 수 있는 광경처럼, 민족의 스승이자 교사여야 하는 사람이 타락에 영합하는 노예 상태로 전락하는 모습을 목격했으며, 동시대인에게 지혜와 진지함의 기품을 보여주어야 할 사람이 가장 지배력 있는 바보짓과 폐단이 보여주는 상황에 귀가 솔깃하는 모습을 목격했습니다. 루소는 그와 같은 사람들이 '그것은 진리인가, 그리고 그것은 선하고 고귀한가?'라고 묻지 않고 오히려 '사람들이 그것을 듣고 싶어 할까?'라고 묻고, 또 '그것으로 인류에게는 어떤 도움이 될까?'라고 묻지 않고 오히려 '그것을 통해 어떤 이익을 얻을까? 돈을 얼마나 벌 수 있을까 아니면 어떤 제후가 자비로운 수긍의 태도를 보여줄까? 아니면 어떤 아름다운 부인이 미소를 보내줄까?'라고 묻는 것을 들었을 것입니다. 그리고 루소는 그들이 이런 사유 방식으로 자신의 명예를 뽐내는 광경을 목격했습니다. 그들이 그들 자신만큼 시대정신을 예감하지 못하는 우둔한 자들에게 동정 어린 경멸의 어깻짓을 해 보이는 광경을 루소는 목격했습니다. 그리고 재능과 기예와 지식이, 진부한 방법으로 신경을 자극하는 온갖 쾌감을 통해 더 미세한 쾌감을 강제적으로 끌어내려는 비열한 목적으로 쓰여지는 광경도 목격했습니다. 그리고 재능과 기예와 지식이 인간의 타락을 변명하고 정당화하여 타락 자체를 덕으로 치켜세우고, 인간의 타락을 저지하려던 노력을 완전히 파괴시켜버릴 가증스러운 목적으로 사용되는 광경도 목격했습니다. 그리하여 불쾌한 경험을 통해 겪은 것처럼, 마침내 루소는 그들이 대단히 심하게 품위가 손상되어 아직도 어떤 진리가 있을 것이라는 최후의 섬광과도 같은 예감을 불식시켜버리고, 근본에는 전혀 관여할 수 없게 되었다는 최종적인 두려움조차도 망각해버리는 상황을 목격했습니다. 그리고 사람들이 그들의 귀에다 대고 소리 지르면서 근본에 관여하라는 요구를 하면 그들은 '충분해, 그것은 진실이 아니고 우리는 그것이 진실이기를 원하지 않아. 왜냐하면 그것이 우리에게 아무 이득도 되지 않기 때문이야'라고 말하는 광경을 목격했습니다. 이처럼 루소는 이 모든 상황을 목격했으며 속임을 당한 듯한 상황에 그는 격양되고 흥분했던 것입니다. 그래서 루소는 불만에 가득 차 동시대인들과 싸웠던 것입니다.

  루소의 예민한 감수성을 자극하지는 맙시다! 루소의 감수성은 고귀한 영혼의 징표입니다. 루소는 자신의 내면에서 신적인 것을 느끼는 사람입니다. 아마도 루소는 종종 영원한 예견자를 올려다 보며 이렇게 탄식할지도 모르겠습니다. '그래 이들이 내 형제들인가? 이 세상을 살아가는 동안 나에게 준 동반자들이 이들인가? 맞아! 그들은 내 모습을 하고 있어. 하지만 우리의 정신과 마음은 같지 않아. 내 말은 저들에게는 낯선 언어의 말이며 저들의 말은 나에게 낯선 언어의 말이야. 나는 저들이 외치는 소음을 듣고 있지만, 내 가슴속에는 그 소음에 부여할 수 있는 어떤 의미도 없어! 오 영원한 예견자여, 왜 나를 저런 사람들 속에서 태어나게 했는가? 내가 저들 가운데 태어나는 게 마땅하다고 하더라도, 왜 나에게 더욱 선하고 고귀한 것에 대한 이러한 감정과 끓어오르는 예감을 주었는가? 왜 나를 저들과 똑같이 만들지 않았는가? 왜 나를 저들 같은 저급한 인간으로 만들지 않았는가? 그랬더라면 나는 저들과 함께 즐겁게 살 수 있었을 텐데.' '너희들은 곧잘 루소의 원망을 꾸짖고 불평을 나무라도록 하라. 모든 것이 순조롭게 되어가도록 하는 너희 다른 사람들아, 너희는 루소에게 너희가 흡족해하는 상태를 추천해주고 너희가 인간으로 존재하도록 해준 겸손함을 추천해주어라! 루소에게 그렇게 많은 고귀한 욕구가 없다면 그도 너희처럼 겸손해질 텐데. 너희들은 더 좋은 상태에 대한 생각으로 고양될 수 없고, 너희에게는 참으로 모든 것이 충분한 상태다.'[73]

340

이렇게 쓰라린 느낌으로 가득 차 있었지만 루소는 어떤 것도 이러한 느낌을 유발한 대상이라고 생각하지는 못했습니다. 그에게는 감성이 지배적이라는 사실이 모든 악덕의 원천이었습니다. 루소는 오직 이 감성의 지배력만을 지양하여 어떤 대가를 치르고서라도 알고 싶은 것을 알고자 했습니다. 그런데 루소가 오히려 이와 대립되는 극단의 상황에 빠져버린 것은 놀랍지 않습니까? 감성은 지배해서는 안 되며, 감성이 사그라져 감성이 전혀 없게 되거나 전혀 개발되지 않고 전혀 힘을 발휘하지 못하는 경우에는 감성은 전혀 지배적이지 않게 됩니다. 따라서 바로 이것이 루소의 자연 상태입니다.

  루소의 자연 상태는 인류의 고유한 소질들이 아직 개발되지 않은 상태라서, 그러한 상태에서는 그와 같은 소질들이 전혀 언급되고 있지 않습니다. 루소의 자연 상태에서 인간은 동물적 본성의 욕구만을 가지고 있는 것입니다. 인간은 다른 동물들이 목초지에서 살아가듯이 그렇게 살아간다는 것입니다. 물론 이러한 자연 상태에서는 루소의 감정을 그렇게도 많이 격앙시킨 악덕이 생기지는 않을 것입니다. 인간도 배고프면 먹고 목마르면 자신이 가장 먼저 발견한 것을 마시게 될 겁니다. 그렇게 해서 배가 부르게 되면 인간은 자신에게 당장 필요 없는 또 다른 먹이를 구하는 데 아무런 관심도 두지 않을 것입니다. 배부른 자의 면전에서는 그가 먹고 남긴 것을 다른 자가 배부를 만큼 실컷 조용히 먹고 마실 수 있을 것입니다. 왜냐하면 배부른 자는 이제 쉬고 싶어 하고 다른 이를 방해할 시간이 없을 것이기 때문입니다. 인류의 진정한 특성은 미래를 내다보는 것입니다. 미래에 대한 전망은 동시에 모든 인간적 악덕의 원천이기도 합니다. 이 원천을 없애면 더 이상 어떤 악덕도 없을 것입니다. 그래서 루소는 자신의 자연 상태를 통해 이 원천을 정말로 없애버린 것입니다.

341   그러나 인간이 인간이지 동물이 아니라는 사실만큼이나 확실하게, 인간은 이러한 자연 상태에 머물도록 규정되어 있지 않다는 것 또한 진실입니다. 악덕은 자연 상태에 의해 지

양되기는 하지만, 자연 상태와 더불어 덕과 이성도 지양되어 버립니다. 그렇게 되면 인간은 이성 없는 동물이 되고, 그렇게 해서 새로운 동물의 종류가 생기면 더 이상 인간은 존재하지 않게 됩니다.

의심할 여지 없이 루소는 인간을 성실히 다루었고, 그가 다른 사람에게 그렇게도 열심히 추천해준 이 자연 상태에서 사는 것을 스스로 동경했습니다. 그리고 이러한 동경은 무엇보다도 루소의 모든 표현에서 드러나고 있습니다. 우리는 루소에게 다음과 같은 질문을 던질 수 있을 것입니다. '루소가 이러한 자연 상태에서 추구했던 것은 본래 무엇이었는가?' 하고 말입니다. 루소는 자기 자신이 스스로 다양한 욕구에 매여 있고 억류되어 있음을 느꼈습니다. 그리고 보통의 인간에게는 매우 사소한 해악이 루소와 같은 사람에게는 가장 처절한 억압이 되기도 하는데, 루소는 종종 스스로 이러한 욕구들로 인해 정의와 덕의 궤도에서 벗어나기도 했습니다. 루소는 만일 자신이 자연 상태에서 살았더라면 이러한 모든 욕구를 가지고 있지도 않았을 것이고, 그 욕구가 충족되지 않는 데서 느끼는 고통과 불명예스럽게 욕구를 충족시키는 데서 느끼는 처절한 수많은 고통을 모면할 수도 있었을 거라고 생각했습니다. 만일 그럴 수 있었다면 그는 홀로 고요 속에 남아 있었을 것입니다. 그는 여러 분야에 종사하고 있는 다른 사람들이 자신을 억압한다고 생각했습니다. 왜냐하면 루소 자신이 다른 사람들이 욕구를 충족하는 데 방해가 된다고 생각했기 때문입니다. 인류는 그저 헛되이 악한 것이 아니라고 루소는 생각했고 우리도 그렇게 생각합니다. 루소를 비난한 많은 사람들 중 어느 누구도 그와 같은 욕구들을 느끼지 않았다고 한다면 그를 비난하지는 않았을 것입니다. 루소 주변의 모든 사람이 자연 상태에서 살았더라면, 루소는 자기 주변의 다른 사람들과 함께 고요 속에서 살아간 것이 될 겁니다. 그렇다면 루소는 내적으로나 외적으로 방해받지 않는 고요를 원했던 것일까요? 그렇습니다! 하지만 우리는 루소가 이 방해받지 않는 고요를 어디에 사용하기를 원했는가라고 루소에게 다시 물을 수 있습니다. 의심의 여지 없이 그는 자신에게 부분적으로 생겨나게 된 이 고요를 현실적으로 자신의 사명과 의무를 숙고하는 데에 사용했습니다. 그리고 그렇게 함으로써 자기 자신과 자신의 이웃들을 고귀하게 만들고자 한 것 아닙니까? 그러나 루소가 가정한 동물의 상태라면 어떻게 이러한 일을 할 수가 있었겠습니까? 루소는 그러한 일을 그가 문화 상태에서만 유지할 수 있었던 선행적인 도야 과정이 없었더라면 어떻게 할 수 있었겠습니까? 그러므로 루소는 자연 상태에서 벗어남으로써만 방해받지 않는 고요를 유지할 수 있는 완전한 도야 과정을 통해 자신과 전체 사회를 문화의 상태로 몰래 옮겨 놓은 것입니다. 루소는 이 고요의 상태가 이미 자연 상태에서 벗어나고 도야의 전

과정을 두루 거쳐야 함을 암암리에 가정한 것입니다. 그러나 루소는 이 고요의 상태가 자연 상태에서 벗어난 것도 아니며 도야된 것도 아니라고 주장했습니다. 이렇게 해서 우리는 암암리에 루소의 잘못된 추리를 알게 되었으며, 이제 그의 역설을 완벽하고도 쉽게 풀 수가 있게 되었습니다.

루소는 정신적인 도야의 관점에서가 아니라 단지 감성적인 욕망에서의 독립이라는 관점에서만 인간을 자연 상태로 되돌려놓고자 했습니다. 무엇보다도 인간이 자신의 최상의 목표에 점점 더 다가가는 만큼 자신의 감각적인 욕구들을 충족시키기가 점점 더 쉬워진다는 것은 사실입니다. 그렇게 되면 인간이 세계 속에서 자신의 삶을 꾸려나가는 데 노고와 근심을 덜하게 될 것은 분명합니다. 생계에 필요한 것들을 더욱 풍성하게 하고 더 쉽게 얻으려면, 토지의 생산성이 증가되고 기후가 항상 온화해야 하고, 새로운 발견과 발명이 수없이 이루어져야만 합니다. 더구나 그러한 상태라면 이성이 지배력을 확장시킬 것이며 인간이 욕구하는 것은 점점 더 줄어들 것입니다. 그렇게 되는 것은, 조야한 자연 상태에서처럼 인간이 자연 상태의 안락함을 알지 못하기 때문이 아니라 자연상태의 안락함 없이도 지낼 수 있기 때문입니다. 가장 좋아하는 것을 의무를 다하면서 가질 수 있을 때 인간은 그것을 멋지게 즐길 만한 준비를 갖추게 될 것이며, 인간이 명예롭게 즐길 수 없는 것이라면 그것이 무엇이든 그것 없이 지낼 준비가 되어 있을 것입니다. 이러한 상태가 이상적인 것으로 생각된다면, 이 관점에서는 이상은 다른 모든 이상적인 것과 마찬가지로 도달될 수 없는 것이 되어버립니다. 이 이상적 상태는 고대 시인들이 읊은 것과 같이 육체 노동 없이 감각적 향락을 추구하던 고대 황금시대일 것입니다. 그러므로 루소가 자연 상태라는 이름 아래, 그리고 고대 시인이 황금시대74라는 명칭 아래 우리의 배후에 정립시켜놓은 것이 바로 우리 앞에 놓여 있습니다. 잠시 이 점을 상기해보자면, 태곳적에 특히 자주 등장한 현상은 다음과 같습니다. 즉 우리가 마땅히 되어야 하는 상태가 바로 우리가 이미 되어 있는 어떤 것으로 묘사되고, 우리가 도달해야만 하는 상태가 이전에 상실해버린 어떤 것으로 표상됩니다. 이러한 현상은 인간의 본성에 확실한 근거를 두고 있는 것으로, 저는 적당한 기회에 이 현상을 자연스럽게 성실히 설명할 것입니다.

루소는 인류가 근심과 노고, 수고를 통해서만 이러한 상태에 다가갈 수 있고 반드시 다가갈 것이라는 사실을 잊었습니다. 자연은 인간의 손이 미치지 않는다면 조야하고 제멋대로입니다. 인간의 손이 닿음으로써, 인간은 비활동적인 자연 상태에서 빠져나와 자연을 가공할 수 있게 되었을 것입니다. 그리고 인간은 스스로 단순한 자연 산물에서 자유로운 이성적 존재자가 되어갔을 것입니다. 인간은 자연 상태를 확실히 극복했습니다. 인간은 모든 위험을 무릅쓰고 인식의 사과

[75]를 땄습니다. 왜냐하면 인간에게는 신과 동등하게 되고자 하는 충동이 근절될 수 없을 정도로 깊이 뿌리내리고 있기 때문입니다. 이 자연 상태에서 내디딘 첫걸음 때문에 인간은 곤궁하고 비참한 상태에 빠진 것입니다. 그렇게 해서 인간의 다양한 욕구가 개발되었고 개발된 욕구는 충족되기를 지독히 강하게 요구하게 된 것입니다. 그러나 인간을 이루고 있는 물질의 종류에 따라서 보더라도 인간은 천성적으로 나태합니다. 그렇기 때문에 욕구와 나태 사이에 격렬한 갈등이 생겨나게 된 것입니다. 이 갈등에서 욕구가 승리를 거두고 패배한 나태는 슬피 울부짖었습니다. 그렇게 해서 인간은 땀을 흘려가며 경작하게 되었고, 자신이 지워버려야 할 고뇌와 근심이 얼굴에 가득하다는 사실에 화가 치밀었습니다. 그러나 욕구가 악덕의 원천은 아닙니다. 욕구는 활동과 덕에 이르게 하는 원동력입니다. 오히려 게으름이 모든 악덕의 원천입니다. '가능한 한 많이 즐기고 가능한 한 적게 행위하라'는 것은 타락한 자연의 주문입니다. 이처럼 타락한 자연이 던져놓은 이 문제를 풀기 위한 많은 시도도 이 타락한 자연의 악덕인 것입니다. 다행히 이 천성적인 나태함이 극복되고 인간이 자신의 활동 속에서만 기쁨과 즐거움을 찾게 되기 전까지는 인간에게 행복이란 없습니다. 그렇게 하는 데는 욕구의 감정과 결부되어 있는 고통스러운 일들이 있기 마련입니다. 이처럼 욕구가 우리를 활동하도록 자극하는 것입니다.

344 이것이 모든 고통, 특히 이것은 동료들의 불완전함과 타락상, 비참함을 목격할 때 우리에게 엄습하는 고통의 숨은 의도입니다. 이 고통이나 그와 같은 처절한 불만의 상태를 느끼지 못하는 자들은 보통의 인간일 뿐입니다. 그러한 고통이나 불만의 상태를 느낄 줄 아는 자는 자신의 영역과 주변을 그가 할 수 있는 한 개선하기 위해서 자신의 모든 노력을 다함으로써 그러한 고통과 불만의 상태에서 벗어나려고 할 것입니다. 그리고 그의 노고가 아무 쓸모가 없다고 한다면 그는 거기서 어떤 유용한 결과도 얻지 못하겠지만, 이미 자신의 활동을 스스로 느끼고 투쟁에서 일반적인 부패에 맞서 사용한 자신의 힘에 주목함으로써, 그는 그러한 고통을 잊게 됩니다. 이러한 점을 루소는 간과했습니다. 그는 에너지를 가지고 있었지만 활동적인 에너지보다는 고통을 감내하는 에너지가 더 많았습니다. 루소는 인간의 불행을 강렬하게 느꼈지만 그 불행을 제거할 수 있는 자신의 능력은 거의 감지하지 못했습니다. 루소는 자신이 느낀 대로 그렇게 다른 사람을 판단했습니다. 루소에 따르면, 그가 이러한 자신의 특수한 고통을 대하는 것처럼 전 인류가 공통된 고통과 대면하고 있습니다. 루소는 전 인류가 겪는 고통을 염두에 두었지만, 인류의 내면에 있는 스스로를 구제할 수 있는 힘을 염두에 두지는 않았습니다.

고인에게 평화와 축복이 있기를! 루소는 많은 영향을 미쳤습니다. 그는 많은 사람의 영혼에 불을 지폈고, 그 후 사람들은 루소가 처음으로 시작한 것을 더 진척시켜나갔습니다. 그러나 루소는 영향을 미치기는 했지만 스스로를 의식하는 자기 활동은 하지 않았으며, 타인이 영향을 미치도록 환기시켜주지도 않았습니다. 루소는 타인이 전반적인 악덕과 부패에 대항해서 하는 일을 고려하지 않았습니다. 전 이념 체계를 통틀어 루소에게는 자기 활동을 위한 노력이 부족합니다. 그는 고통스런 감수성의 소유자였지만 고통스런 감수성이 미치는 영향에 저항하는 적극적인 태도는 지니고 있지 않았습니다. 열정에 의해 잘못 인도된 루소의 추종자들은 덕망을 갖추게 되기는 했습니다. 그러나 그들은 어떻게 그러한지를 바르게 살펴보지 않고 그저 그렇게 **되었을** 뿐입니다. 열정에 대한 이성의 투쟁, 긴장과 노고와 수고를 통해 점차 서서히 획득되는 승리, 이것은 우리가 볼 수 있는 것 중 가장 흥미롭고 교훈적인 것인데, 루소는 이러한 것들을 우리 눈에 띄지 않게 숨겨놓았습니다. 루소의 제자는 스스로 발전을 거듭해나갔습니다. 루소는 단지 제자의 교육에 방해가 되는 것들을 제거해주었을 뿐이고, 제자의 선량한 본성이 그대로 유지되도록 해주었습니다. 그래서 이 본성은 루소의 후원을 계속해서 받아야만 합니다. 왜냐하면 루소는 장애물과 투쟁하고 그것을 예속시킬 수 있는 활동력과 열정과 확고한 결심을 제자에게 가르쳐주지 않았기 때문입니다. 그래서 그의 제자는 선한 사람들 가운데 있을 때에는 선하지만, 악한 사람들 가운데 있을 경우에는 매우 고통스러울 것입니다. 그런데 사람들은 대부분 악하지 않습니까? 그렇지만 루소는 이성을 철두철미하게 투쟁이 아니라 고요 속에서 묘사했습니다. 루소는 **이성을 강화시키는 대신 감성을 약화시켰습니다.**

이상의 연구는 우리의 원칙에 대립되는 악명 높은 역설을 해결하기 위한 시도였습니다. 그러나 이 연구가 그것만을 위한 것은 아닙니다. 동시에 저는 여러분에게 가장 위대한 사람 중 한 분을 실례로 듦으로써 여러분이 되지 말아야 할 상태를 보여주고 싶었습니다. 저는 루소를 통해 여러분의 전 생애에 중요한 교훈을 스스로 발전시킬 수 있기를 바랍니다. 여러분은 이제 '인간이 어떠해야 하는가?'라는 철학적 탐구를 통해서 스스로 교훈을 얻었습니다. 그런데 여러분 대부분은 이러한 철학적 탐구와 불가분의 관계를 맺고 있지 않습니다. 그러나 여러분은 이러한 철학적 탐구와 친숙한 관계를 맺게 될 것입니다. 여러분은 도덕론이 지니는 것과는 완전히 다른 친숙한 관계를 발견할 것입니다. 여러분 스스로가 더 고귀하고 선해질수록 여러분 눈앞의 경험이 여러분에게는 더욱더 고통스럽게 여겨질 것입니다. 그러나 여러분은 이 고통에 굴복하지 말고 적극적으로 행동해서 이 고통을 극복하십시오. 이러한 고통에 대해서 생각해보면, 이 고통은 인류를 개선하기 위한 계획으로서 기획된 것입니다. 인간의 타락을 줄이기 위해, 손은 움직이지도 않으면서 타락된 상황만을 한탄하는 것은 겁쟁이나 하는 짓입니다. 인간이 어떻게 개선되어야 하는지를 그들에게 말해주지도 않은 채 싸우고 심하게 비웃는 것은 불친절한 짓입니다. 행동하라! 행동하라! 이것이 그것을 위해 우리가 존재하는 바로 그 목표입니다. 우리만이 완벽한 사람이라고 할지라도, 타인이 우리처럼 완전하지 않다고 화만 내겠습니까? 우리에게 주어진 소명을 더 훌륭하게 완성시키는 것은, 우리가 타인을 완전하게 만들기 위해 노력하는 것이 아니겠습니까? 여러분, 개척할 수 있는 더 넓은 들판을 바라보면서 우리가 기뻐할 수 있도록 해주십시오! 여러분, 우리가 우리 속에 있는 힘을 감지하고 우리의 과제가 무한함을 기뻐할 수 있도록 해주십시오!

346

해제

자유와 실천의 철학자, 피히테

1. 피히테의 생애와 저작

피히테의 저작《학자의 사명에 관한 몇 차례의 강의》에 대한 해제를 시작하기 전에 독자들이 좀더 쉽게 이해할 수 있도록 우선 피히테라는 철학자의 생애와 저작을 간략히 서술하고자 한다.[76] 피히테는 작센의 작은 마을 라메나우에서 리본을 만드는 직공의 장남으로 태어났다. 아홉 살이 되던 해 그는 우연히 부유한 지주인 밀티츠 남작의 눈에 띄어 정규교육을 받게 된다. 우선 그는 예나와 라이프치히에서 신학 공부를 시작했다. 그러나 곧 후원자가 사망하여 피히테는 공부를 중단하고 가정교사가 되어야만 했다. 1790년 라이프치히로 돌아온 그는 칸트 철학에 몰두하게 되고, '자유'라는 커다란 수수께끼가 칸트 철학에서 해결되었다고 생각한다. 피히테는 자신의 처녀작《모든 계시에 대한 비판 시도*Versuch einer Kritik aller Offenbarung*》를 들고 칸트가 있는 쾨니히스베르크로 찾아간다. 마침내 칸트의 주선으로 1792년 이 저서가 출간되기는 했으나 익명으로 출간되었기 때문에 사람들은 이 작품을 칸트의 종교 철학으로 간주했다. 이 저작이 널리 인정받고 난 뒤 칸트는 저자의 이름을 공개했고 이렇게 해서 피히테는 갑자기 세상에 이름이 알려졌다.

1793년 피히테는 취리히에서 요한나 란Johanna Rahn과 결혼한다. 평온한 가정 생활 속에서 피히테는 자신의 사상의 체계적인 기획, 즉 지식학을 전개하게 된다. 이때 그의 법 철학과 역사 철학의 출발점이 되는 두 저술,《프랑스 혁명에 관한 대중의 판단 교정을 위한 기고*Beiträge zur Berichtigung der Urteile des Publikums über die französische Revolution*》와《유럽 군주들에게 사상의 자유 반환을 청구함*Zurückforderung der Denkfreiheit von den Fürsten Europas*》을 출간한다. 이듬해 그는 라인홀트K. L. Reinhold(1758~1823)의 후임으로 예나 대학교의 교수가 된다. 예나 대학교에서 보낸 5년간 피히테는 자신의 지식학에 대한 구상을 체계적으로 발전시킨다. 학자의 사명에 관한 강의도 이 시기에 시작된다. 그리고 피히테는 취리히에서《지식학 또는 이른바 철학의 개념에 관하여*Über den Begriff der Wissenschaftslehre oder der sogenannten Philosophie*》를 발표하며, 같은 해《청강자를 위한 원고―전체 지식학의 토대*Grundlage der gesamten Wissenschaftslehre, als Handschrift für seine Zuhörer*》의 1, 2부를 출간하고 이듬해 3부를 출간한다. 그 이듬해에는《이론적 능력을 고려한 지식학의 특성 개요*Grundriß des Eigentümlichen der Wissenschaftslehre in Rücksicht auf das theoretische Vermögen*》를 출간한다. 피히테는 자신의 지식학을 완결된 것으로 생각하지 않았으며, 계속해서 꾸준히 지식학에 관련된 글을 저술한다. 1797년에는 〈지식학 제1서론Erste Einleitung in die Wissenschaftslehre〉과 〈지식학 제2서론Zweite Einleitung in die Wissenschaftslehre〉을 저술하고, 같은 해 《지식학의 새로운 서술 시도*Versuch einer neuen Darstellung der Wissenschaftslehre*》를, 1801년에는 《지식학의 서술*Darstellung der Wissenschaftslehre*》을, 그리고 1804년에는 《지식학*Die Wissenschaftslehre*》을 저술한다.

지식학을 체계화시켜가면서 피히테는 지식학에 바탕을 두고 다른 문제 영역과 관련해서도 저서를 집필한다. 그 결과물이 1796년 출간된 《지식학 원리에 의한 자연법의 토대*Grundlage des Naturrechts nach Prinzipien der Wissenschaftslehre*》와 1798년에 출간된 《지식학 원리에 의한 도덕론 체계*System der Sittenlehre nach Prinzipien der Wissenschaftslehre*》이다.

예나 대학교에서의 피히테의 교수 생활은 순탄치만은 않았다. 그는 학자의 사명에 관한 겨울 학기 강의를 일요 예배 시간에 강행하여 교회의 제재를 받았다. 그리고 그의 제자인 포르베르크Forberg가 《철학 저널*Philosophisches Journal*》에 종교 개념의 전개에 관한 글을 발표하는데, 피히테는 이 글의 위험성을 생각하여 글 앞에 자신의 논문 〈신의 세계 통치에 대한 우리들의 신앙의 근거에 관하여Über den Grund unseres Glaubens an eine göttliche Weltregierung〉라는 글을 덧붙였다. 그런데 이에 대한 답변으로 '피히테와 포르베르크의 무신론을 연구하는 아들에게 보내는 어느 아버지의 편지'라는 표제 아래 증오와 비난으로 가득 찬 익명의 비방서가 발표되었다. 이로 인해 피히테는 무신론 논쟁에 휘말리게 되었다. 피히테가 주장하려는 것이 무신론은 아니었지만, 자신을 부당하게 무신론자로 몰아가는 교회와 정부, 그리고 사변적인 이해가 부족한 사람들에게 피히테는 자신의 정당함을 굽히지 않았다. 결국 1799년 피히테는 예나 대학교를 그만두고 베를린으로 간다. 베를린에서 피히테는 1801년과 1804년에 지식학과 관련된 두 강의를 연속해서 했고 이것이 후에 《지식학의 서술》과 《지식학》이라는 유고로 출간되었는데, 특히 두 번째 강의는 지식학에 대한 피히테의 입장이 변화되었음을 알려주는 저술이다. 시대 상황 때문인지는 모르겠으나 피히테는 베를린에서 전문적인 저술 활동보다는 대중 연설을 자주 한다. 이 시기에 피히테는 《체결된 상업 국가Der geschlossen Handelsstaat》(1800), 《인간의 사명》(1800), 그리고 《최근 철학의 본래적 본질에 관한 다수의 대중에 대한 명백한 보고, 즉 독자를 강제로 이해시키고자 하는 시도Sonnenklare Bericht an das größere Publikum über das eigentliche Wesen der neuesten Philosophie, ein Versuch, den Leser zum Verstehen zu zwingen》(1801)를 출간한다.

1806년에는 피히테의 역사 철학에 관련된 저작이라 할 수 있는 《현 시대의 특징 Grundzüge der gegenwärtigen Zeitalters》과 종교 철학에 관련된 《축복받은 생활을 위한 지침 또는 종교 이론 Anweisungen zum seligen Leben, oder auch die Religionslehre》이 출간된다.

1805년 피히테는 에어랑엔 대학교에 교수로 초빙된다. 그러나 당시 전쟁으로 인한 상황 탓에 그곳에 오래 머물지 못한다. 피히테는 베를린 대학교에서 보직을 마친 뒤 프랑스 침공을 피해 쾨니히스베르크에 잠시 피신해 있다가 베를린으로 돌아와 1807~1808년에 '독일 국민에게 고함'이라는 제목으로 연설을 한다. 1810년 베를린 대학교가 창립되었을 때 그는 철학 교수로 임명되었고, 초대 총장으로 선출되었다. 자신의 신념을 굽힐 줄 몰랐던 피히테는 총장직 수행에 어려움을 느꼈고, 1812년 자진 사퇴했다.

그의 강의 활동은 생애의 마지막 몇 해 동안 더욱더 풍부한 내용으로 전개되었다. 우리는 유고로 출간된 이 시기의 여러 강의 주제를 통해 그의 철학 체계의 가장 성숙한 형태를 접할 수 있다. 이 중 중요한 것으로는 《의식의 사실 Tatsachen des Bewußtsein》(1810/1811), 《철학에 대한 논리학의 관계, 또는 선험적 논리학에 대하여 Über das Verhältnis der Logik zur Philosophie, oder transzendentale Logik》(1812), 《입문 강의 Einleitungsvorlesungen》(1813), 《법론의 체계 Das System der Rechtslehre》(1812)

와 《도덕론의 체계*Das System der Sittenlehre*》(1812), 그리고 《응용 철학에 의해 구성된 여러 가지 내용의 강연*Vorträge verschiedenen Inhalts aus der angewandten Philosophie*》(1813) 등이다.

1814년 피히테의 부인은 부상병을 간호하다 발진티푸스에 전염되었고, 피히테는 그의 부인에게서 병을 얻어 그해 1월 27일 세상을 떠났다.

2. 《학자의 사명에 관한 몇 차례의 강의》가 쓰여지기까지

피히테는 학자의 사명과 본질에 관해 예나 대학교, 에어랑엔 대학교, 그리고 베를린 대학교에서 세 번에 걸쳐 강연했으며, 여기 번역된 저작은 1794년 예나 대학교에서 강의한 여름 학기 강연을 토대로 한 것이다.

'학자의 도덕'에 대해 공개적으로 강의하려는 피히테의 구상은 취리히에서 바이마르에 있는 뵈티거Karl August Böttiger에게 보낸 1794년 2월 4일자 편지에 처음으로 나타나고,[77] 5월 2일자 편지에서 피히테는 학자의 도덕에 관해 두 시간짜리 강의를 할 것이라 전한다.[78] 1794년 유빌라트제(부활절 후 세 번째 일요일)에 출간된 《지식학 또는 이른바 철학의 개념에 관하여》라는 저작은, 학자의 사명에 관한 강의를 위한 안내

서 역할을 하는데, 이 저작에서 피히테는 공개적으로는 처음 '학자의 도덕'에 대한 강의를 고시했다.[79]

《학자의 사명에 관한 몇 차례의 강의》는 1794년 미카엘 축제 때 예나와 라이프치히에 적을 두고 있는 크리스티안 에른스트 가블러 출판사에서 출간되었다. 그런데 피히테는 이 저작 외에도 학자의 사명이나 본질에 관한 다른 글을 발표하기도 했다. 피히테는 에어랑엔 대학교에서 1805년 여름 학기에 강의한 것과 동일한 주제의 글을《학자의 본질과 자유의 영역에서의 학자의 현상들에 대하여 *Über das Wesen des Gelehrten, und seine Erscheinungen im Gebiete der Freiheit*》라는 책으로 출간했다. 그리고 1812년에는 새로 창설된 베를린 대학교에서 같은 주제의 강의를 토대로《뮤즈 *Die Musen*》라는 잡지에 〈학자의 사명에 대한 강의 Vorlesungen über die Bestimmung des Gelehrten〉라는 글을 발표했다. 이처럼 피히테는 자신이 교수 자리를 옮길 때마다 빼놓지 않고 학자의 사명이나 본질에 관련된 강의를 했는데, 이것은 그가 그만큼 다른 주제에 비해 이 주제에 깊은 관심을 가지고 있었음을 보여준다.

1794년 처음으로 출간된 저작은 다섯 차례의 강의 내용들로 구성되어 있는데, 이 강의는 1794년 예나 대학교 여름 학기에 '학자의 사명에 대하여 de officiis eruditorium'라는 제목으로 교과 과정에 공개 강의로 고시되어 행해졌다. 이 공개 강의는 이어지는 겨울 학기까지 속강으로 고시되었다. 그러나 겨울 학기가 시작되고 몇 주가 지난 11월 9일에야 겨우 강의를 시작할 수 있었다. 피히테는 겨울 학기 강의에도 특정한 시간대를 정해놓으면 여름 학기처럼 예나 대학 학생들이 많이 수강할 것이라고 기대했다. 그러나 일주일의 아침 8시부터 저녁 7시까지 모든 시간대가 필수 과목 강의로 꽉 차 있었으므로 학생들에게는 일요일 외에는 피히테의 강연을 들을 시간이 없었다.

피히테는 심성을 덕성으로 도야하자는 내용의 이 강의가 일요일에 이루어지는 것이 매우 적당하다고 생각했다. 일요예배를 프로테스탄트적으로 이해하고 있었던 피히테는 자신의 강의 계획을 교회 당국이 제지할 것이라고는 생각지 못했다. 피히테는 일요일에 강의하려는 자신의 의도가 독일의 대학교, 특히 예나 대학교의 학칙과 관례를 위반하는 것이 아니라고 확신한 후, 기존의 다양한 일요 행사, 특히 학내에서 11시부터 12시까지 하던 예배를 감안하여 강의 시간을 9시부터 10시까지로 잡았다. 1794년 11월 9일 겨울 학기의 첫 강의도 이 시간에 시작되었다. 그러나 피히테는 이 시간대에 시 교회에서 예배가 있다는 사실을 알고는, 11월 16일의 두 번째 강의부터는 강의 시간을 10시부터 11시까지로 변경했다. 피히테는 그 시간쯤이면 예배나 설교가 끝날 거라고 생각했던 것이다.

그러나 예나의 종교 재판소는 급히 이 사건에 대한 전말을 바이마르 상급 주재판소에 보고했다. 주재판소는 바이마르의 공작에게 피히테의 일요 공개 강의가 공적인 예배를 의도적으로 침해하고자 했으며 안식일 조항을 위반한 것이라 보고했다. 그래서 강의는 1794년 11월 16일의 두 번째 강의 이후, 1795년 1월 28일 칼 아우구스트 공작이 훈령으로 최종 결정을 내릴 때까지 중단되었다. 최종 결정에서 피히테는 일요 예배를 방해하려 했다는 의혹에서는 풀려났지만, 오전 예배가 끝난 오후 시간에만 강의를 해야 했다. 그래서 피히테는 다시 1795년 2월 1일 오후 3시에서 4시까지 강의를 했다. 이 일은 후에 피히테가 무신론자로 오해를 받아 예나 대학교를 그만두게 되는 사건과 관계가 깊다. 그리고 이 시기에 귀족 출신의 대학생들이 비밀리에 학생단을 조직했는데, 피히테의 집을 무단으로 침범하고 길거리에서 그의 부인에게 모욕을 주는 등 무분별한 학생들이 일으킨 돌발적인 사태로 인해, 피히테는 여름 학기가 끝나기 전 4주 동안 강의를 중단할 수밖에 없었다. 1795년 2월에는 대체로 서너 번 정도 강의를 했던 것으로 보인다. 학기가 끝난 후에 피히테는 예나 대학교에서는 더 이상 이런 식의 강의를 하지 않는다.

  이와 같이 사실상 두 학기에 걸쳐 행해진 학자의 사명에 관한 강의의 내용은, 이 책에 담긴 다섯 차례의 강의보다 훨씬 더 많은 내용을 포함하고 있었다. 그렇기 때문에 이때의 강의는 좀더 포괄적인 맥락에서 이해해야 한다. 이런 점에서 다섯 차례의 강의도 분량은 짧지만, 내용 면에서는 지식학과 관련하여 학자의 사명과 본질에 대한 피히테의 핵심적인 생각을 담고 있다고 할 수 있다.

3. 학자의 사명에 관한 강의

피히테는 '학자의 사명'에 관한 다섯 차례의 강의에서 도덕성을 바탕으로 학문 연구 일반의 의미를 파악하고, 도덕성을 바탕으로 한 학문 연구의 관점에서 대학 생활과 학문의 연구 상태를 살피고 있다. 뿐만 아니라 학생들에게 학문과 진리에만 헌신하는 삶에서 나오는 심정, 진실하고 생동적인 도덕성과 하나된 심정의 열정적인 전형을 제시해주는 것을 보편적 과제로 삼고 있다.

피히테는 칸트의 비판 철학 중 특히 실천 철학을 적극적으로 받아들여 자신의 지식학의 기초로 삼았다. 《학자의 사명에 관한 몇 차례의 강의》 곳곳에서도 칸트에게서 직·간접적으로 영향을 받았음을 드러낸다. 피히테에 따르면 철학에는 두 가지, 즉 독단론과 관념론이라고도 하는 비판철학밖에 없다. 독단론은 주체인 나를 넘어서는 초월적인 사물 자체를 인정함으로써 주체의 자유를 박탈한다. 비판철학 또는 관념론은 나에게서 생긴 표상들만을 인정함으로써 나를 자유롭고 독립적이게 해준다. 피히테는 누가 어떤 철학을 택하느냐 하는 문제는 전적으로 개인적인 결단에 달려 있다고 생각했으며, 자신은 자아의 완전한 자발성을 위해 관념론의 길을 택한다. 그래서 피히테의 주요 관심도 인간과 인간의 순수한 내적인 가능성에 집중되어 있다. 칸트가 주장한 선험적 자기의식으로서의 나Ich를 피히테는 더욱 발전시켜 세계 존재 전체의 논리적 근거로 부각시킨다. 그는 칸트의 저서로 잘못 알려진 최초의 저서 《모든 계시에 대한 비판 시도》에서부터 후기의 왕성한 공개 강연에 이르기까지 자신이 주장한 '절대적 자아의 진면목'을 그대로 실천한 사람이라고 할 수 있다.

《학자의 사명에 관한 몇 차례의 강의》는 피히테의 기초적이면서 가장 중심적인 사상이라고 할 수 있는 지식학의 기본 개념들이 확립된 시기[80]와 거의 같은 시기에 행해진 강의들을 묶은 것이다. 그래서 피히테도 이 저서의 곳곳에서 언급하고 있듯이, 지식학의 기본 개념을 이해하면 학자의 사명에 관련된 논의를 이해하는 데 도움이 된다.

철학은 원리arche 또는 원근거Urgrund에 대한 탐구이다. 규정된 세계에서 무엇을 '규정하는 자'로 정립하느냐의 문제는 철학에서 가장 기초적이면서도 중요한 점이다. 원리에 대한 물음이 없다면 철학은 다른 학문들과 마찬가지로 하나의 개별 학문으로 전락하고 만다. 그래서 철학사에 등장하는 이른바 '거장'들은 원리 또는 근거에 대한 물음을 자신들의 철학적 과제의 중심에 놓고 나름대로 해답을 모색해온 것이다. 피히테도 예외는 아니다.

피히테의 지식학은 나임(自我性, Ichheit)의 가장 단순하고 철저한 규정에서 시작한다. "비판철학의 본질은 바로 절대 자아가 무제약적이며 어떤 상위의 것에 의해서도 규정될 수 없다는 것이다. 그리고 이 철학이 이 원칙에 따라 일관성 있게 전개되면, 그것은 곧 지식학이 된다."[81] 그러면 어떻게 절대 자아가 철학의 원리 또는 원칙으로 설정될 수 있는가? 피히테에 따르면 우리가 가장 자명한 것으로 받아들이는 것은 동일률의 명제, 즉 'A는 A이다'라는 것이다.[82] 피히테는 이 동일률을 'A가 존재한다면'이라는 A를 가정하는 측면과 'A가 존재한다'라는 A를 정립하는 측면의 결합, 즉 사유의 측면과 존재의 측면이 결합된 것으로 해석한다. 그래서 'A는 A이다'라는 명제의 타당성을 인정하는 사람은 항상 사유와 존재의 결합을 전제하고 있음을 의미한다. 그러면 이 사유와 존재의 결합을 가능하게 하는 근거는 무엇인가?

A의 자기 동일적 차원에서는 존재하는 A와 A를 사유하는 측면이 분리되어 있다. 그래서 사유와 존재의 통일 근거를 A 자체에서 찾을 수는 없다. 'A는 A이다'라고 판단함으로써 사유에서 존재로 이행할 수 있다는 것은, 우리 자신에게 사유를 통해 존재를 정립할 수 있는 능력이 있음을 의미하며, 사유와 존재의 통일 근거가 그 능력을 지닌 '나' 속에 있어야 함

을 의미한다. 따라서 피히테는 사유와 존재, 주체와 객체가 통일되어 있는 근거로 절대적 자아를 주장한다. 그러면 이러한 자아는 어떻게 존재하게 된 것인가? 피히테는 이 절대적 자아의 존재성을 '자기 자신이 단적으로 자아를 정립하는 것'을 통해 해명한다. 자아의 자기 정립이라는 활동의 측면에서 보면, "자아는 행위하는 자이자 동시에 행위의 산물"이라고 할 수 있다. 즉 자아는 자신을 산출하는 자이자 자신에 의해 산출되는 자이다. 이와 같은 측면에서 행위와 사태가 하나라는 특징을 표현하기 위해 피히테는 사행Tathandlung이라는 개념을 사용한다.[83]

이처럼 피히테에게는 모든 존재와 의식의 근원은 곧 절대적 자아의 자기 정립 활동이다. 규정된 모든 현상계의 절대 근거인 '자유로운 활동적 자아'가 피히테 지식학의 중심인 것이다. 바로 이 자유로운 활동적 주체라는 개념을 바탕으로 학자의 사명도 논할 수 있다. 피히테에 따르면, 자유로운 행위인 철학함에는 근거 제시와 정당화라는 선험적인 근본 태도가 필요하다. 그리고 학문으로서의 철학은 개별 학문과 달리 그 학문들이 각각 사태에 적합하기 위한 필연적 조건을 증명해야 한다. 이러한 필연적 조건들을 학문하는 개별 학자들에게 제시하는 것이 철학자의 몫이다. 그래서 피히테는 본 강의에서 모든 개별 학문 분야에서 학자들이 자신의 소임을 수행해나가는 데 전제 조건이 되는 학자의 사명 자체를 선험적으로 논증하고 정당화하려고 하는 것이다.

학자의 사명에 관한 이 강의는 우선 한 인간의 사명을 규정하고 그 다음 사회에서 인간의 사명을 규정하고 다음으로 사회의 한 신분인 학자의 사명을 규정하는 순서로 진행된다. 피히테 자신이 밝히고 있듯이, 학자의 사명을 규정하기 위해서는 학자를 포함해서 사회 내의 다양한 신분들의 가능성이 확정되어야 한다. 그리고 이를 위해서는 사회에서 인간의 사명이 무엇인지가 규정되어야 하며, 그러기 위해서는 궁극적으로 인간 자체의 사명이 규정될 수밖에 없다. 그래서 피히테는 선험적이면서 연역적인 서술 방식을 바탕으로 위의 순서에 따라 강의를 진행하고 있는 것이다.

첫 번째 강의에서 피히테는 우선 인간의 사명이 무엇인지 규정한다. '어떤 것 또는 누구의 사명'은 바로 그 어떤 것 또는 누구의 본질을 규정한다. 피히테는 인간을 이성적 존재자, 자기 목적적인 존재자로 규정한다. 인간의 목적은 자신이므로, 인간은 타자가 아니라 자기 자신으로 인해 존재하는 자기 목적적 존재라는 것이다. 이런 점에서 이성적 존재자로서의 인간은 항상 자기 자신과의 일치, 하나됨을 추구하기 마련이다.

그러나 피히테에 따르면 인간은 이성적 존재자인 동시에 감성적 존재자이며, 인간 일반으로서의 단적인 존재만이 아니라 특정한 어떤 것으로 존재하기도 한다. 감성적 존재자로서의 인간은 자신 외의 어떤 것에 영향을 받을 수밖에 없다는 점에서 자기 동일적이지 않다. 그러나 비록 이처럼 감성적 측면에서 타자의 영향을 받을 수밖에 없다고 하더라도 인간 자신은 자기 목적적 존재이므로 외적 사물에 의해 규정되어서는 안 된다. 이런 점에서 피히테는 모든 유한한 이성적 존재자들의 최종적인 목적이 절대적 일치, 항구적인 자기 동일성이라고 주장한다. 그리고 자기 동일적인 자아가 사물과 관계할 때 자아는 자기 외부의 사물에 영향을 미치고 그것을 자아의 순수 형식과 일치시키기 위해 변형시키기 마련이다. 이처럼 우리의 감성적인 수동성을 억제하고 우리 밖의 사물들을 변형함으로써 얻은 숙련된 상태를 피히테는 '문화'라 부른다. 그리고 문화를 자기 자신과의 완전한 합치라는 인간의 궁극적인 목적에 이르기 위한 최종적이며 최상의 수단이라고 주장한다.

첫 번째 강의의 후반부에서 피히테는 칸트가 주장한 최고선에 대해 논하면서, 도덕적 선과 행복의 관계에서 도덕적 선을 우선으로 해야 한다고 덧붙임으로써, 인간의 감성을 조절할 수 있는 이성을 강조한다. 비이성적인 모든 것을 자유롭게 지배해나가는 것이 인간의 궁극 목적이지만, 완전한 상태인 이 궁극 목적은 인간이 이를 수 없는 이상이다. 그래서 인간의 진정한 사명은 이러한 목표에 '무한히 접근함'으로써 도덕적으로 점점 더 개선되는 것이라고 피히테는 주장한다.

이처럼 첫 번째 강의에서 피히테는 이성적 존재자가 자기 자신과 완전히 일치하는 상태를 인간의 최종 목표로 삼고, 이러한 목표에 이르기 위해 도덕적으로 개선되어가는 인류의 진보 과정을 강조한다.

두 번째 강의에서는 사회 내의 인간의 사명이 무엇인지가 규정된다. 우선 피히테는 사회를 '이성적 존재자간의 상호작용'이자, '합목적적인 공동체'로 규정한다. 그런데 사회를 이렇게 규정하기 위해서는 각 개인은 자신의 외부에 또 다른 이성적 존재자들이 있음을 확증해야만 한다. 피히테는 이를 위한 근거로 이성을 든다. 피히테에 따르면 인간의 내면에는 이성과 이성에 적합한 행위와 사유의 개념이 주어져 있고, 인간은 필연적으로 이 개념을 자신의 내면에서 실현하려고 할 뿐만 아니라 자신 밖에서도 실현되어 있는 것을 보고 싶어 한다. 그래서 자신의 외부에 자신과 동등한 이성적 존재자가 있어야 한다는 것은 이성을 가진 인간의 공통된 욕구이다. 다시 말해 인간에게는 자신이 인간이기 위해서는 자신의 외부에 있는 또 다른 이성적 존재자가 필요할 수밖에 없으며, 이것은 인간의 '근본 충동'에 속한다는 것이다.

이성적 존재자들의 결속체이자 합목적적인 공동체인 사회 속에서 이러한 근본 충동을 지닌 인간은 타인을 자신과 유사한 것으로 바라보고 싶어 하고 타인을 인간 일반의 개념으로 고양시키려 한다. 여기서 피히테는 이성적 존재자들 사이의 투쟁에서 더 고귀하고 뛰어난 인간이 항상 승리를 거두게 되어 인간이 유(類)적으로 완성된다고 주장한다. 이는 인간의 '사회적 충동'에 의해 가능한데, 피히테는 사회적 충동을 소극적이며 부정적인 측면과 적극적이며 긍정적인 측면으로 나누어 설명한다. 전자의 측면은, 사회적 충동 자체가 모순적이지 않아야 한다는 것이다. 즉 사회적 충동은 서로 영향을 주고받는 협력 관계를 바라는 것이므로, 사회 속에서 각 구성원들은 타인들을 지배하려 해서는 안 되며 도구처럼 이용하려 해서도 안 된다는 것이다. 타인을 지배하려는 자는 오히려 자신이 노예로 전락하고 만다는 것이 피히테의 주장이다.

여기서 우리는 헤겔이 《정신현상학 Phänomenologie des Geistes》(1807)의 '자기 의식' 장에서 '지배와 예속의 변증법'을 통해 개념적으로 전개시킨 상호 인정의 계기를 이미 피히테가 부분적으로 선취하고 있음을 확인할 수 있다. 이 점은 현대 철학에 들어와 하버마스 유의 의사소통 이론의 바탕이 되는 상호 인정의 계기가 헤겔에게만 소급되어서는 안 되며, 독일 관념론 전반과 관련시켜 생각해야 한다는 점을 보여주는 중요한 전거라 할 수 있겠다.

그리고 사회적 충동과 관련해서 긍정적인 후자의 측면은, 사회에서 다양한 개인들이 완전하게 서로 일치할 수 있는 이상적인 상태에 이르기 위해 각자는 타인을 좀더 완전하게 만들려고 노력해야 한다는 것이다. 이렇게 함으로써 '가능한 한 모든 사회 구성원이 완전히 합일하는 상태에 무한히 접근해가는 것', 이것을 피히테는 사회에서의 인간의 사명이라고 규정한다.

인간은 각자 타인과 서로 영향을 주고받으며 서로를 완성해나가야 하는데, 이러한 상호작용에서 필요한 숙련성 두 가지가 '기여하는 숙련성'과 '받아들이는 숙련성'이다. 전자는 타인에게 영향을 미치는 숙련성이며, 후자는 내가 타인에게서 받는 영향에서 이점을 끌어들이는 숙련성이다. 또한 피히테는 두 번째 강의 중간에 어떤 제약 아래 생기게 되는 수단으로서의 국가와 사회를 구분하면서, 국가 통치를 필요 없게 만드는 것이 바로 모든 통치의 목적이라고 주장한다.

세 번째 강의에서는 사회에서 신분을 선택하는 것과 관련된 논의가 진행된다. 이 강의는 바로 다음에 이어지는 학자라는 신분의 특수한 사명을 규명하기 위한 전제 작업이라는 점을 염두에 두고 행해지고 있다. 여기서 피히테는 경험에 의한 설명 방식이 아니라 '자유'라는 실천적인 이성 원리에 근거해서 다양한 신분의 존재 가능성을 해명한다. 자연의 측면에서 본다면, 인간에게 미치는 자연의 외적 영향으로 인해 '물리적인 불평등'이 발생할 수밖에 없다. 그런데 이성의 측면에서 본다면, 한 개인에게서 모든 능력이 고르게 발전해 최상의 상태에 이르러야 하고, 사람들 사이에서도 물리적 불평등이 없어지고 서로 고르게 도야되어야 한다. 이러한 도야의 궁극 목적이 '사회의 모든 구성원들의 완전한 평등'인데, 앞서 말한 인간의 사명에서와 마찬가지로 피히테는 이 목적에 이르는 끝없는 과정을 강조한다.

이러한 과정에서 이성적 존재자들은 두 가지 사회적 충동을 지니게 된다. 한 가지는 내가 올바르게 도야된 방식대로 다른 사람들을 도야시키려는 '전달의 충동'이고, 다른 하나는 반대로 다른 이들이 올바르게 도야된 방식대로 자신을 도야하려는 '수용의 충동'이다. 전달과 수용의 충동으로 생기는 상호 관계를 통해, 물리적으로 불평등한 관계에 있었던 개인들의 편파적인 도야 과정이 '인류 전체의 재산'이 된다. 그래서 자연과 영원한 투쟁 상태에 있는 이성은 사회의 개별 구성원들을 균등하게 육성하는 것을 인류 전체의 관점에서 염려할 수밖에 없다.

이러한 도야 과정에서 각 개인들은 자신의 소질을 도야하는 방식과 정도에 따라 서로 다른 성격을 지니게 된다. 그렇다고 이 서로 다른 성격들에 의해 신분이 결정되는 것은 아니다. 신분이 결정되기 위해서는 '자유에 의한 어떤 특별한 종류의 사명'이 제시되어야 하기 때문이다. 즉 나의 소질들이 육성되어 내가 어떤 성격을 지니게 되었다고 해서 그것이 바로 나의 신분이 될 수는 없다. 마치 많은 지식을 쌓았다고 해서 훌륭한 학자가 되는 것은 아닌 것과 같다. 소질을 발전시키는 것보다 더 근원적인 측면은 자기 반성의 태도이다. 왜냐하면 소질을 발전시키기 위해서라도 나는 이미 나 자신을 주시, 전념해야 하기 때문이다. 이렇게 나를 되돌아보는 태도를 피히테는 일종의 숙련성이라고 보는데, 이 '자기 반성의 숙련성'의 정도에 따라 사회에서 신분이 결정된다. 이 특별한 숙련성을 발전시키는 데 내가 얼마나 전념하느냐에 따라 신분이 결정된다는 것이다. 이러한 숙련성은 당위적인 측면에서 내가 어느 정도 존재적으로 선택한 신분에 적합한가를 결정해주는 척도가 된다.

피히테에 따르면 신분을 선택할 때는 두 가지 측면이 구별될 수 있다. 그중 한 가지는 '어떤 신분을 선택하는 것이 당위적인가?'라고 묻는 최상의 이성법이고, 다른 한 가지는 '어떤 신분을 선택해도 괜찮은가?'라고 묻는 임의로 신분을 선택할 수 있는 존재적 측면이다. 존재적인 측면에서 나는 어떤 신분이든 선택할 수 있으며 거기에 맞는 소질을 계발할 수 있다. 그러나 신분 선택의 문제가 당위적 측면에서 제기될 때 상황은 달라진다. 존재적 측면에서 누가 어떤 소질을 계발하여 어떤 직업을 선택했고 그 신분에 속한다고 해도, 당위적인 측면에서 그가 그 신분에 적합한 인물인가 하는 것은 다른 문제이기 때문이다. 피히테는 인간이 사회적 존재이며, 다른 이성적 존재자들과의 상호 관계 속에서 살아갈 수밖에 없기 때문에, 신분도 사회적 책무를 행하는 관점에서 선택되어야 한다는 당위성을 강조한다. 그렇다고 신분을 선택하는 것이 나 아닌 타자에 의해 강요되어서는 안 되며, 신분 선택은 전적으로 '자유에 의한 것'이어야 한다. 피히테는 사회가 어떤 사람에게 어떤 신분을 강요하게 되면 그 사람은 자유로운 존재자로서의 사회 구성원, 인류의 발전을 함께 도모할 자유로운 동업자가 아니라 전체 계획에 의해 강요당하고 이 계획을 수행해나가는 '도구'로 전락하고 만다고 주장한다.

그러나 신분에 대한 존재적 선택권이 한 사람의 신분의 당위적 정당성을 보장해주는 것은 아니다. 왜냐하면 각자가 자신의 소질을 계발하여 그에 맞게 신분을 선택할 경우, 자신이 선택한 신분에 얼마나 적합한 인물인가 하는 것은, 얼마만큼 신분의 개념에 맞게 행동했는가에 달려 있기 때문이다. 그리고 각자 그렇게 행동했을 때 자신이 선택한 신분에 걸맞은 인물로 판단될 수 있기 때문이다. 사회에서 각자 자신이 신분을 결정한다는 것은 사회에 속한 한 인간으로서의 자신이 무엇이어야 하는지를 결정하는 것이다. 그러므로 피히테는 사회 속에서 자신의 그 '무엇임'을 스스로 결정하고 자신이 선택한 신분의 개념에 맞게 행위해나갈 때 개인의 행복이 커지게 되고 그렇게 되었을 때 비로소 사회 전체의 행복도 커질 수 있다고 강조한다.

네 번째 강의에서는 드디어 학자라는 신분에 속한 사람의 사명이 무엇인지가 규정된다. 이전 강의에서 피히테는 사회 내의 각 개인이 보편적으로 자신을 갈고닦아 자신이 맡을 분야를 선택하고 그 외 다른 분야는 다른 사회 구성원들에게 양도해야 한다고 주장한다. 그리고 자신과 다른 사회 구성원들 간의 상호작용을 통해 모든 사회 구성원의 욕구와 소질이 균등하게 발전되고 충족될 수 있는 목표에 부단히 다가갈 것을 주장한다. 특히 인간에게는 알려고 하는 충동이 있어서, 이러한 충동을 발전시키고 충족시킬 수 있는 학문이 필요하다. 여기서 피히테는 앎의 근원적인 욕구에 관계되는 순수한 이성 명제에 바탕을 둔 '철학적 인식'과 앎의 근원적 욕구가 충족될 수 있는 방법을 의미하는 수단의 지식으로서 '철학적이며 역사적인 인식', 그리고 자신이 속한 사회가 특정 시점에서 어떤 발전의 단계에 있는지를 아는 '역사적 인식'을 구분하고, 이 세 가지 지식을 얻기 위해 자신의 생애를 헌신하는 사람을 학자로 규정한다. 이런 측면에서 피히테 자신은 철저한 철학적 연구가 경험적 지식들의 불가피성을 가장 설득적으로 대변해준다고 주장한다.

여기서 학자의 사명은 '보편적으로 인류의 현실적 진보에 최상의 주의를 기울이고 이러한 진보를 항구적으로 촉진하는 것'으로 규정된다. 물론 자신의 특수한 학문 분야를 촉진해야 하는 것도 학자의 소임이라고 할 수 있다. 그러나 학자에게는 그 이상의 소임이 있는데, 그것은 바로 학자가 아닌 다른 사람들이 어느 정도 도야되고 있는지 감독하고 촉진하는 것이다. 그래서 학자는 원래 어떤 신분보다도 더 사회에 의해서, 그리고 사회를 위해서만 존재하는 것으로 규정된다. 이런 점에서 학자는 수용력과 전달력이라는 재능을 가능한 한 가장 훌륭하게 갈고닦아야 하며, '인류의 스승'이자 '인류의 교사'로서 현재를 뛰어넘어 미래를 내다보는 안목을 지녀야 한다. 그래서 전 인류의 최종 목표인 '도덕적 교화'를 제시하는 한편, 모든 측면에서 이 최종 목표를 염두에 두는 것은 당연히 학자의 의무인 것이다. 이렇게 하기 위해서 학자는 스스로 도덕적인 본보기가 되어야 하며, 자신의 시대에서 '도덕적으로 가장 선한 사람'이어야 한다. 자신이 도덕적으로 선하지 못하면서 다른 사람들을 가르치려고 하는 자는 학자일 수가 없기 때문이다.

마지막 강의에서 피히테는 학문과 예술에 대한 루소의 주장들을 검토한다. 그 이유는 한편으로는 자신의 견해와 상반된다고 생각하는 루소의 주장들을 검토해봄으로써 자신의 주장을 좀더 명확하게 하기 위해서이다. 그리고 다른 한편으로는 이러한 고찰을 통해서 피히테는 루소 자신보다도 루소를 더 잘 이해할 수 있게 되리라고 기대했던 것이다. 피히테는 지속적으로 문화를 진보하게 하고 모든 인류의 소질과 욕구를 끊임없이 발전시키는 것을 인류의 사명이라고 주장한 자신의 견해에 가장 상반되는 입장을 견지한 사상가가 루소라고 생각한다. 자연으로 돌아갈 것을 주장한 루소는 인간의 타락의 원인을 문화적 진보에서 찾았다. 그래서 문화적 진보를 촉진하는 것을 자신의 사명으로 삼는 학자라는 신분도 루소에게는 당연히 인간의 모든 곤궁과 타락의 원천이자 핵심이 되는 것이다.

우선 피히테는 루소가 뛰어난 감수성을 지닌 비범한 천재이며 자신의 정신적 소질을 훌륭하게 갈고닦은 철학자임을 인정한다. 감성이 풍부했던 루소는 자신이 처한 현실에서 타락한 문명과 학자들의 모습에 누구보다도 심한 염증을 느낄 수밖에 없었고, 그래서 모든 도야와 문명을 타락으로 치부하게 되었다는 것이다. 루소는 자율적이지 못하고 감각에 얽매인 상태에서 맹목적으로 살아가는 것을 비판하고자 했으므로 감성적인 부분들을 모조리 지양해버리고자 했다. 즉 인류의 본래의 소질들이 전혀 계발되지 않은 자연 상태를 주장하면서 스스로도 아무런 방해를 받지 않는 고요 속에서 살고자 했던 것이다. 그런데 피히테는 루소가 오히려 이러한 고요의 상태를 자신의 사명과 의무에 대해 숙고하는 데 사용했으며, 동물적인 자연 상태에서 벗어나 완전한 수련 과정을 거쳐 이미 사회와 문화 속에 들어와 있었던 것이라고 주장한다. 즉 루소 자신의 생애와 그가 주장한 원칙에 모순이 있다고 피히테는 논증하는 것이다.

또한 피히테는 루소가 정신적인 수련의 관점에서가 아니라 감성적인 욕구에서의 독립이라는 관점에서만 인간을 자연 상태로 되돌려놓으려 함으로써 인류의 진보를 부정적으로만 평가했고, 자기 활동을 위한 노력이 부족했기 때문에 고통스런 감수성이 미치는 영향에 적극적으로 저항하지 못했다고 비판한다. 루소처럼 이성을 적극적으로 강화시키지는 않고 도리어 감성을 약화시키는 것으로는 사회에서 발생하는 문제들을 해결할 수 없다고 피히테는 주장한다.

4. 학자는 현실 비판자이자 현실 변혁자

지금까지 살펴본 것처럼, 피히테에 따르면 학자는 누구보다도 도덕적으로 가장 선한 사람으로 사회 속에서 도덕적인 본보기가 되어야 하고, 타율적이 아니라 자율적이어야 하며 자기 결단을 내릴 수 있는 사람이어야 한다. 이런 점을 고려한다면, 아마도 피히테가 주장한 절대 자아의 역할을 선도적으로 수행하는 자가 학자라고 할 수 있을 것이다. 여기서 학자는 단순히 지식을 쌓고 그것을 전달하는 이른바 '지식인'이 아니다. 무엇보다도 학자는 어떤 조건에서도 자유롭게 결단을 내릴 수 있는 절대 자율의 원칙을 어겨서는 안 된다. 이 원칙을 위반할 경우 학자는 더 이상 학자일 수가 없다. 왜냐하면 자기 결단을 내릴 수 없는 비도덕적인 상태는 학자라는 개념에 모순되기 때문이다.

피히테는 자신의 이러한 원칙을 실생활에서도 그대로 준수했다. 예나 대학교에서나 베를린 대학교에서도 이러한 원칙을 굽히지 않고 타협하지 않았기 때문에 결국 교수나 총장 자리에 오래 머무를 수 없었다. 자신의 생활에서나 원칙에서 철저한 자유인이기를 원했던 그는, 자신이 주장한 자유만큼이나 자신이 속한 사회나 민족의 현실에 관심을 가졌다.

다섯 차례의 강의를 통해 피히테가 주장하고 있는 것은 어떤 점에서는 너무나 평범한 얘기이기 때문에 별로 신선한 충격을 주지 않을 수도 있다. 그러나 언제나 그렇듯이 우리가 소중히 간직하고 지켜나가야 할 진실은 너무나도 소박하고 평범한 것이다. 문제는 너무 간단한 진리를 우리가 몸소 실천하지 못한다는 데 있다.

흔히 우리는 자유롭다고 하면, 속세를 떠나 현실 사회에 대해 무관심하고 자기 홀로 유유자적하게 생활하는 모습을 떠올린다. 그러나 이러한 상태는 진정으로 자유로운 것이 아니라 '현실 도피'일 뿐이다. 그렇다고 현실에 관심을 두는 태도가 현실에 안주하는 자의 모습이어서도 안 된다. 이 시대에는 현실 도피자도 아니고 현실에 안주하는 자도 아닌 현실 비판자, 현실 변혁자의 모습이 절실히 요구된다. 현실과 거리를 두어 그것을 대상화하면서도 동시에 그 거리감이 현실에 대한 관심과 참여로 다시 회복될 수 있는 상태, 이렇게 긴장된 태도만이 현실의 문제를 올바로 바라보고 해답을 모색

할 수 있는 자세일 것이다. 그렇게 하기 위해서는 우선 우리 각자 스스로 결단할 수 있는 참된 주체성을 갖추어야 한다. 나 자신을 되돌아보고 '참된 나'를 찾는 작업, 학문도 바로 여기서 출발하는 것이 아닐까?

주

1 피히테가 예나 대학교에 재직하고 있던 1794년 여름 학기를 말한다. 이 여름 학기에 피히테는 '학자의 의무에 대하여de officiis eruditorium'라는 주제로 공개 강연을 했다. 강의는 3월 23일에 시작되었고 피히테는 일주일에 한 번 금요일 저녁 6시부터 7시까지 강의했다. 예상 외로 청중은 많았다. 피히테는 부인에게 3월 26일 자 편지에 다음과 같이 썼다. "예나에 있는 가장 큰 강당이 너무 비좁았다오. 강의실 현관과 안뜰이 꽉 찼고, 사람들은 탁자와 의자를 갖다놓고 얼굴을 치켜들고 줄지어 서 있었소"(J. G. Fichte, *J. G. Fichte Briefwechsel, Kritische Gesamtausgabe*, gesammelt und herausgegeben von Hans Schulz, Bd. I(Stuttgart: Friedrich Frommann Verlag, 1966), 364쪽 참조).

2 제목에서 알 수 있듯이, 이 저작은 학자의 도덕에 대한 피히테의 강의 가운데 단지 몇 개의 강의만을 담고 있다. 이에 대해서는 해제를 참조하라.

3 여기서 '외적 동기'는 추밀 고문관인 크뤼거Christoph Heinrich Krüger와 왕후의 고문관인 포겔Georg Wilhelm Vogel이 유행시켜 바이마르까지 퍼진 소문을 말하는데, 이 소문의 내용은 피히테가 공개 강의에서 '20년에서 30년 후에는 군주나 왕후 같은 것은 더 이상 존재하

지 않을 것이다'라고 말했다는 것이다. 피히테는 이러한 소문을 겪고 난 후 괴테에게 편지를 썼다. "지금까지 네 차례의 공개 강의에서 제가 그처럼 바보 같은 말을 했다고들 하는데, 저는 이 강의들을 미리 숙고하여 적어놓고 그대로 낭독했으며, 될 수 있는 한 내용을 수정하지 않고 그대로 인쇄하도록 했습니다"(J. G. Fichte, *J. G. Fichte Brief-wechsel, Kritische Gesamtausgabe*, 380쪽 참조). 그런 다음 곧 피히테는 루소의 문화와 관련된 주제에 대한 강의를 추가하기로 결정했다. 이렇게 해서 이 글이 다섯 차례의 강의로 구성되게 되었다.

4   피히테는 당시 《전체 지식학의 기초*Grundlage der gesamten Wissenschaftslehre*》를 집필하고 있었으며, 여기서 '다른 일'이란 지식학의 이론적인 부분이 당시 피히테의 강의의 중심이었음을 보여준다.

5   미카엘 축제는 매년 9월 29일에 열린다.

6   학자의 독일어는 der Gelehrte이다. 본래 이 단어는 학식이 많은 사람을 의미하므로 '지식인'이라고 번역해도 무방하다. 하지만 요즈음 '지식인'이라는 말은 종종 실용적 의미로 쓰이고 있기 때문에, 피히테가 이 글에서 말하고자 하는 학자의 의미와는 거리가 있다.

7   사명에 해당하는 독일어 Bestimmung은 동사 bestimmen에서 온 말로 bestimmen에는 본래 '무엇을 규정하다, 한정하다'라는 의미가 있다. 인간이 인간으로 규정되어 있는 것, 이것이 인간의 사명이다. 이하 본문에서 특별히 '규정되어 있다'라는 의미를 살려야 하는 경우를 제외하고는 Bestimmung을 '사명'으로 번역한다.

8   이후에 밝혀지지만 여기서 사회는 국가보다 더 근원적이며 포괄적인 의미로 쓰인다. 피히테에 따르면 사회는 '모든 이성적 존재자의 공동 결속체'를 의미하지만, 국가는 '경험적으로 제약되어 있는 특수한 종류의 사회'를 의미한다.

9   이것은 두 번째 강의의 주제이다.

10 이것이 이 첫 번째 강의에서 피히테가 답변하려는 질문이다.
11 이 순수 자아das reine Ich에 대립되는 것이 비아das Nicht Ich(非我)이다. 이 책에서는 'Ich'를 경우에 따라 '자아'로 번역하기도 하고, 문맥에 더 적절하다고 판단될 경우에는 '나'로 번역하기도 한다.
12 순수 자아는 개념상 자신 외의 어떤 것과도 관계하지 않는 것이다. 그런데 순수 자아가 어떤 것인가라고 묻는다면 바로 이 질문은 순수 자아가 어떤 것이라는 사실을 전제하는 것이 되며, 이는 바로 어떤 것과도 관계하지 않는 순수 자아의 개념에 모순되기 때문이다. 그러므로 이 질문은 모순이다.
13 초월적 유물론der transzendentale Materialismus에서 'transzendental'이라는 용어는 라틴어 transcendens에서 유래한 것으로 본래 '넘어서 나아간다übersteigen, überschreiten'라는 의미가 있다. 보통 칸트 철학을 선험철학 또는 초월철학이라고 부를 때 이 용어를 사용한다. 그런데 우리는 동일한 어원을 가지지만 칸트가 전혀 다른 의미로 사용하는 '초험적transzendent'이라는 말과 '선험적transzendental'이라는 말을 구분해야 한다. 초험적이라는 말은 '경험과 그것의 가능성을 넘어간다'는 의미이지만, 선험적이라는 말은 오히려 어떤 방식으로든 경험과의 관계를 통해 규정되는 선천적 인식을 대상으로 하는 방법적 태도를 의미한다. 칸트는 "선험적이라는 말은 모든 경험을 초월한다는 뜻에서가 아니라, 확실히 경험에 (선천적으로) 선행하기는 하되, 오로지 경험-인식을 가능하게 하는 데에만 쓰이도록 규정되어 있는 것을 의미한다"라고 말하면서, 선험적이라는 개념을 경험을 넘어선다는 의미에서의 초험적이라는 말과 구별해서 사용하고 있다〔I. Kant, *Prolegomena zu einer jeden künftigen Metaphysik, die als Wissenschaft wird auftreten können*(Hamburg: Felix Meiner Verlag, 1969), 373쪽 참조〕. 여기서 피히테가 초월적 유물론이라고 칭하는 입장은

마치 칸트가 물자체를 주관의 의식 밖에 있는 것으로 전제하는 것과 같은 입장이다. 피히테에 따르면 이러한 초월적 유물론은 자아 밖의 어떤 것을 독단적으로 가정한다는 점에서, 일종의 '독단론'이다. 그래서 칸트식으로 보자면, 여기에는 transzendental이라는 용어보다는 transzendent라는 용어가 더 적절할 수도 있다.

14 인간이라는 개념과 순수 자아의 개념은 다르다. 순수 자아는 개념적인 자아를 의미하지만 인간은 육체와 정신의 결합체를 의미하기 때문이다. 물론 인간의 순수 사유의 측면은 순수 자아라는 개념을 담고 있을 것이다. 여기서 피히테는 인간의 규정 또는 사명을 밝히기 위해 우선 다른 인간들과의 관계에서가 아니라 인간이라는 개념 자체에서부터 논의를 시작하고 있다.

15 존재자에 해당하는 독일어 Wesen은 대부분 '본질'로 번역되지만, 이 글에서 피히테는 '이미 있는 것'이라는 의미로 사용하고 있기 때문에 특별한 경우를 제외하고는 '존재자'로 옮겼다.

16 이 글에서 피히테는 일차적으로 '단순하다'는 것을 의미하는 schlechthin과 bloß를 절대적absolut이라는 의미로 쓰고 있다. 그래서 이 용어들을 '단순한'보다는 '단적인, 절대적인'이라고 옮긴다.

17 여기서 '있다'라는 의미의 독일어 Sein은 존재사로도, 그리고 '이다'라는 의미인 계사로도 쓰인다는 사실을 상기할 필요가 있다. 피히테는 Sein이나 그 변화형들을 사용할 때에는 항상 이 두 측면을 고려했다. 그래서 본문의 문장은 '인간은 어떤 것이기도 합니다'로 읽어도 무방하다. 인간이 이성적 존재자인 한 인간은 인간이라는 보편 개념의 상태로만 존재성을 가지지만, 특수성의 측면에서는 어떤 것으로서 어떤 상태로 규정된 인간으로 존재한다.

18 경험적 자기 의식은 순수 자아와는 달리 비아에 의해 규정된 자아이다. 그러므로 인간의 사명 역시 이러한 비아적인 측면과의 관계

에서 검토될 수밖에 없다.
19 '나임Ichheit'은 순수한 자아의 성격을 의미한다.
20 인간을 인간으로서 존재하게 하는 모든 것을 말한다.
21 이 정식은 칸트가 《실천 이성 비판》에서 정식화한 '정언명법'에 바탕을 두고 있다. 칸트는 《실천 이성 비판》에서 주관적으로 타당한 준칙과 객관적으로 타당한 법칙을 구분하고, "네 의지의 준칙이 항상 보편적 입법의 원리로 타당하도록 행위하라Handle so, daß die Maxime deines Willens jederzeit zugleich als Prinzip einer allgemeinen Gesetzgebung gelten könne"라는 정언명법을 순수 실천이성의 근본 법칙으로 삼고 있다(I. Kant, *Kritik der praktischen Vernunft*(Hamburg: Felix Meiner Verlag, 1974), 54쪽 참조).
22 여기서 '훈련'이나 '숙련성'은 단순히 실용적인 기술을 연마하는 의미에 한정되지 않는다. 이 용어들은 '문화'와 '교육', 더 나아가서는 '역사' 전반에 관련되는 폭넓은 의미를 지닌다. 즉 실용적인 기술 습득뿐만 아니라 심성의 도야도 포함한다.
23 이 글에서 도야하다kultivieren 또는 교육Bildung이라는 단어는 '문화'와 동일한 맥락에서 포괄적인 의미로 쓰인다. 본래 'Kultur'라는 말은 '무엇을 경작함'이란 뜻인데, 이것이 인간의 본성에 관계되면 '본성을 도야한다'라는 의미로 확대되며, 이런 점에서 도야의 총체적 결과물을 문화라고 할 수 있을 것이다.
24 이 글에서 피히테는 감성을 수동적인 능력으로, 이성을 능동적인 능력으로 본다. 그래서 피히테는 만일 인간이 전적으로 감성에 의해서만 좌우될 경우 인간 자신이 목적이 되지 못하고 인간을 위한 도구가 되어야 할 문화 또는 문명이 도리어 목적이 되어버리는 전도 현상이 발생한다고 보고 있다.
25 칸트는 근대 계몽주의의 비판적 완성자이자 독일 관념론의 계보

를 연 철학자이다. 그의 철학은 보통 선험철학die transzendentale Philosophie 또는 비판철학이라 불린다. 칸트의 철학적 물음은 '나는 무엇을 알 수 있는가?', '나는 무엇을 해야 하는가?' 그리고 '나는 무엇을 바랄 수 있는가?'의 세 가지 물음으로 압축할 수 있고, 이 물음들이 세 비판서, 즉《순수 이성 비판Kritik der reinen Vernunft》(1781),《실천 이성 비판Kritik der praktischen Vernunft》(1788) 그리고《판단력 비판Kritik der Urteilskraft》(1790)에서 선험적으로 탐구된다.

26 최고선이 칸트 철학에서 차지하는 의미는 여기서 피히테가 지적하듯 매우 중요하다. 아래에서 다시 지적하고 있지만, 칸트에게 최고선이란 도덕적 선함과 행복의 통일이다. "덕과 행복이 함께하는 최고선을 한 사람이 갖고, 그렇게 해서 행복이 도덕성과 완전히 정비례하는 한, 덕과 행복은 가능한 세계의 최고선을 만든다." "우리에게는 실천적으로, 즉 우리의 의지를 통해 실현될 최고선에서는 덕과 행복이 필연적으로 결합된 것으로 생각된다"(I. Kant, Kritik der praktischen Vernunft, 199, 204쪽 참조).

27 최고선과 관련해 행복보다 도덕성이 우선한다는 이러한 견해는 바로 칸트의 견해와 같다. "최고선만이 항상 순수 실천 이성의 완전한 대상, 즉 순수 의지의 완전한 대상일 수 있지만, 이런 이유 때문에 이 최고선을 순수 의지를 규정하는 근거라고 생각해서는 안 되며, 도덕 법칙만을 최고선과 최고선의 도출 또는 촉진을 객관으로 삼게 하는 근거로 보아야 한다." "도덕 법칙은 세계에서 가능한 최고의 선을 나의 모든 행동의 최후 대상으로 삼을 것을 명령한다. 최대의 행복과 (피조물에게 가능한) 최대한의 도덕적 완전성이 가장 엄밀하게 균형 잡혀 결합되어 있다고 생각되는 전체 개념으로서의 최고선이라는 개념 중에는 나 자신의 행복도 함께 포함되어 있다 하더라도, 최고선을 촉진하도록 지시받는 의지의 규정 근거는 행복이

아니라 도덕 법칙이다"(I. Kant, *Kritik der praktischen Vernunft*, 196~197, 233~234쪽 참조). 이런 점에서 칸트의 도덕철학은 결과주의가 아니라 동기주의라고 볼 수 있다.

28 여기서 '즐거운 감정Angenehme Gefühle'이란 단순히 직접적이고 감각적인 쾌락의 감정이 아니다. 여기서는 오히려 행복이 유한한 목적에 바탕을 둔 감각적 차원에 한정된다. 예를 들면 우리는 도덕적 행위를 했을 때 직접적으로 나에게는 이익이 되지 않지만 기쁨을 느낄 수 있다.

29 이러한 구절은 인간이 중간자적 존재임을 의미한다. 유한한 제약과 무한한 자유, 감성과 이성 사이의 중간자적 존재가 인간이다.

30 '완전성Vollkommenheit'은 완벽한 상태이자 궁극 목표이다. 피히테는 이 글에서 완벽한 상태를 의미하는 'Vollkommenheit'와 이 완벽한 상태에 이르기 위해 끊임없이 완전하게 되어가는 과정을 의미하는 'Vervollkommung'을 구별한다.

31 여기서 기쁨에 충만한 상태는 glückselig이고, 이것은 단순히 기뻐하는glücklich 상태와는 다르다.

32 독일어 Wissenschaftslehre는 '지식학' 또는 '학문론'으로 번역될 수 있는데, 피히테는 이 지식학을 철학적 작업 자체로 생각했다. 피히테는 지식학을 통해 앎이나 앎의 체계인 학문의 의미를 분석함으로써 더 이상 의심될 수 없는 학적 체계를 세우고자 했다. 그래서 지식학은 개별 학문에 대해 메타적인 의미를 지니는 학문의 학문Wissenschaftswissenschaft이라고 할 수 있다. 지식학의 중심 개념은 나Ich 또는 자아인데, 이에 대해서는 해제를 참조하기 바란다.

33 여기서 '충동Trieb'은 맹목적 의지가 아니라 모든 행동을 가능하게 하는 근원적인 추동력을 뜻한다. 그리고 'Trieb' 외에 문맥에 따라서 '요구' 또는 '욕구'로 옮길 수 있는 Bedürfniß라는 단어가 있다. 이 단

어는 '어떤 것이 필요한 상태'를 의미하며 그래서 충족되어야 하는 상태를 말한다. 그렇다고 해서 이러한 욕구가 단지 직접적인 욕망에만 한정되는 것은 아니다.

34 여기서 '역학적'은 'mechanisch'를, '유기적'은 'organisch'를 번역한 것이다. 철학사에서 역학적이라는 것은 기계적이라는 의미로 유기적이라는 것은 '목적론적'이라는 의미로 해석될 수 있다. 이 두 개념을 가장 명확하게 비교한 사람이 칸트이다. 칸트는 《판단력 비판》에서 오성에 의해서만 사유될 수 있는 인과 결합을 '동력인적 결합nexus effectivus'이라고 하며, 이 동력인적 결합은 언제나 원인과 결과의 일방향적인 하향적 계열을 이루는 연결이라고 한다. 반면에 '목적인적 결합nexus finalis'은 원인과 결과가 하향적으로나 상향적으로 서로 의존하며 이 의존 관계에서는 일단 어떤 것의 결과라고 판단된 사물도 상향적으로는 바로 그것의 원인이 될 수 있다고 주장한다(I. Kant, *Kritik der Urteilskarft*(Hamburg: Felix Meiner Verlag, 1974), 289~290쪽 참조). 우리는 기계적인 동력인적 결합의 대표적인 예로 물리적인 운동을 들 수 있다. 물리적인 운동의 원인과 결과는 뚜렷하게 구분된다. 그러나 특히 유기적 생명체는 기계적인 인과 관계로는 설명되지 않는다. 칸트에 따르면 생명 현상은 목적론으로만 설명될 수 있다. 예를 들어 새의 몸집, 뼛속의 공동, 운동하기 위한 날개와 방향을 잡기 위한 꼬리의 위치 등을 목적의 인과성을 고려하지 않고 단순히 나열할 경우, 이것들은 매우 우연적인 것으로 판단될 수밖에 없다(I. Kant, *Kritik der Urteilskarft*, 269쪽). 그러나 인간의 이성은 새라는 생명체를 구성하는 각 부분이 이처럼 우연적인 방식으로만 결합되어 있는 것에 만족하지 못한다. 인간 이성의 체계적 본성에 비추어볼 때, 오성의 눈에는 우연적으로 보이는 이런 현상에도 어떤 필연적 원리가 상정되어야 한다. 만일 새라는 생명체의

목적이 하늘을 나는 것이라면, 난다는 것은 날기에 적절한 새의 형태를 유발시킨 원인으로 판단될 수 있다. 그런데 난다는 목적은 오히려 날기에 적절한 새의 구체적 형태 때문에 결과적으로 실현될 수 있다는 점에서 결과라고도 판단할 수 있다. 이처럼 목적론은 기계론과 달리 양 계기 사이의 상호작용을 전제한다. 그래서 칸트는 이 세상에서 보잘것없는 한 포기의 풀조차도 그것이 생명체라면 기계적 자연 법칙에 따라서는 합리적으로 설명될 수 없다고 주장한다(I. Kant, *Kritik der Urteilskarft*, 338쪽).

35 '원인의 무의식성Nichtbewußtsein'이란 '원인이 의식되지 않은 상태'를 말한다. 독일어 Bewußtsein은 원래 '어떤 것이 알려진 상태'를 의미하는데, 이것은 앎의 주체와 객체의 매개 상태를 함축하고 있다.

36 자유 자체는 순수 자아처럼 의식되지는 않지만, 우리의 행위는 자유에 의해 의식된다. 우리의 행위가 자유에 의해 의식된다는 것은, 우리의 실천적 행위는 모두 자유를 통해서 행동할 수 있다는 뜻이다. 그래서 의식되지 않은 무제약자인 자유로 인해 유발된 행위는 모두 의식할 수 있다.

37 이 말은 '경험에 앞선 상태a priori'를 뜻한다. 이에 대립되는 말이 '경험 후의 상태a posteriori'이다.

38 여기서 '인정한다'는 것은 'anerkennen'을 옮긴 것이다. 인식한다는 것을 의미하는 'erkennen'이 주로 의식을 지닌 주체와 대상이 되는 객체의 관계를 의미하는 인식론적 용어라면, 'anerkennen'은 주체와 주체 사이의 관계를 규정하는 좀더 실천적 용어라고 할 수 있다. 철학사적으로 볼 때 '인정'이라는 용어가 주요 화두로 정착된 것은 헤겔 이후이다. 헤겔은 《정신현상학*Phänomenologie des Geistes*》(1807)의 '자기 의식' 장에서 '의식' 장에 이르기까지 전개되어온 의식과 대상의 관계를 의식과 의식의 관계로 확대 전환하면서 유명한 '지배와

예속의 변증법' 또는 '주노(主奴) 변증법'을 전개한다. 헤겔에 따르면 의식과 의식의 관계에서 생사를 건 투쟁이 발생하고 이 투쟁의 결과 한쪽은 자유로운 존재성을 유지하기 위해 자신의 자연적 생명을 과감하게 걸어 자립적 존재자인 주인이 되지만, 다른 쪽은 그렇게 하지 못해 노예가 되고 만다. 이렇게 주인과 노예가 결정되면, 주인은 노예를 사역함으로써 사물과 관계하게 되고 자신 스스로는 노동하지 않으면서 노동의 결과물을 향유한다. 그러나 노예는 개념상 애초부터 비자립적 존재였기 때문에 노동의 결과로 나오는 산물을 향유하지 못한 채 그것을 끊임없이 가공할 뿐이다. 그런데 헤겔에 따르면 이러한 주노 관계는 곧 전도, 역전된다. 즉 다른 관점에서 보자면 주인은 자신의 향유뿐 아니라 삶 전반을 전적으로 노예에게 의존하므로 오히려 주인이 비자립적이며 자유롭지 못한 존재가 된다. 그래서 주노 관계에서 주인이 주인으로 군림하는 한 주인은 항상 반대로 예속적 존재로 전락할 논리적 필연성을 안고 있는 것이다. 만일 의식과 의식의 관계에서 양자가 각기 상대편을 자신과 동등한 존재자로 인정할 수 있다면, 다시 말해 타자 속에서 자신을 파악할 수만 있다면, 상호 인정 상태가 확보될 수 있을 것이다.

이러한 헤겔의 논의는 이 강의에서 피히테가 사회 속에서 이성적 존재자들 간의 자유에 의한 상호작용을 이야기하면서 부분적으로는 선취하는 내용이다. 이 두 번째 강의에서 피히테는 '타인의 지배자로 자처하는 사람은 모두 그 자신이 노예이다'라는 말을 통해서 사회 속에서 인간은 상호 인정 관계에 있을 수밖에 없음을 강조한다.

39 루소는 프랑스 계몽주의의 대표자이자 프랑스 혁명의 사상적인 선구자이다. 그의 소설 《엘로이즈*Julie ou la nouvelle Héloïse*》(1761)는 괴테의 《젊은 베르테르의 슬픔*Die Leiden der jungen Werthers*》의 선구가 되었고, 《사회계약론*Du contract Social, ou principes du droit poli-tique*》

(1762)에서는 급진적인 민주주의와 국민주권을 주창했다. 그의 교육철학의 주저라고 할 수 있는 《에밀*Émile ou de l'éducation*》(1962)에서는 어린이가 외적인 어떤 강제도 없이 자유롭게 오직 자신의 소질에 따라서만 자기 감정에 충실하여 자연스럽게 성장해야 한다고 주장하면서, 모든 문화적인 반자연적 상태를 거부했다. 그의 이러한 사상은 "자연으로 돌아가라!Retournons à la nature!"라는 말로 대변된다. 그에 따르면 문화적인 산물은 모두 참된 인간의 본성을 해치며 인간의 손에 의해 모든 것은 타락한다. 이와 같은 루소의 자연주의적 사상은 피히테의 이 글에서도 매우 중요한 반대 입장으로 설정된다. 다섯 번째 강의를 루소의 사상을 검토하는 데만 할애하고 있을 정도로 피히테는 루소를 염두에 두고 있다.

40 J. J. Rousseau, *Du contract Social, ou principes du droit politique, in Œuvres complètes*, vol. 3(Gallimard, 1964), 351~352쪽. "인간은 이 세상에 자유인으로 태어났지만 곳곳에서 사슬에 매여 있다. 타인의 주인으로 자처하는 자가 지배당하는 자들보다 오히려 더 심한 노예 상태에 빠져 있다." 피히테가 말한 것과 실제 루소의 표현에는 차이가 있다.

41 이 구절은 다음과 같은 칸트의 도덕법칙을 연상시키는 구절이다. "너는 너 자신의 인격에서나 다른 모든 사람의 인격에서 인간성을 단순히 수단으로만 사용하지 말고 항상 동시에 목적으로 사용하도록 행위하라"(I. Kant, *Grundlegung der Metaphysik der Sitten*(1785), in *Kant's gesammelte Schriften*, hrsg. von Königlich Preußischen Akademie der Wissenschaften, Bd. IV(Berlin, 1911), 429쪽.

42 첫 번째 강의에서 주장하고 있는, 인간이 자기 자신과 완전히 일치됨을 말한다. 피히테에 따르면, 인간이 자기 자신과 완전한 일치를 이루기 위해 영원히 그 목표에 다가가야 하듯이, 인간이 타인들과 완전한 일치를 이루는 것도 인간에게는 영원히 다가가기 위해 노력

해야 하는 목표이다.

43 통합과정이라고 옮긴 독일어 Vereinigung은 완벽하게 통합된 상태라 기보다는 완전한 통합 상태를 지향해나아가는 과정을 의미한다.

44 신분Stand과 계급Klasse, 계층Schicht은 각각 다른 의미를 지닌다. 계급은 특히 마르크시즘에서 유산자와 무산자를 구분하는 기준으로 쓰이고, 계층은 사회학적 의미에서 사회를 형성하는 다양한 층들을 의미한다. 신분은 태어날 때부터 정해져 있는 개인의 사회적 지위를 의미하지만, 여기서는 선천적으로 확정되는 것이 아니라 스스로 도야함으로써 획득할 수 있는 개인의 사회적 지위를 뜻한다.

45 첫 번째 강의에서 탐구한 '인간 자신의 사명'과 두 번째 강의에서 탐구한 '사회 내에서 인간의 사명'을 말한다.

46 독일어 Ungleichheit는 일차적으로는 '같지 않음'을 의미하므로 '불평등'이라고 번역하는 것이 적절할 수도 있다. 이하에서는 이 용어를 문맥에 따라 '불평등' 또는 '비동등성'으로 옮겼는데, 어느 경우든 그것은 일차적으로는 '같지 않음'을 의미한다.

47 자연의 작용이 자유롭다고 표현하는 것은 자연을 단순히 기계적으로만 보지 않고 어떤 작용의 자유로운 주체로 보고 있는 것이다. 어원적으로 자연을 의미하는 '퓌시스Φύσις'는 동사 '퓌오Φύω'에서 파생되어 나온 명사다. 'Φύω'는 낳다, 성장시키다, 나타나다, 발현하다, 발생시키다, 야기하다 등을 의미한다. 그래서 'Φύσις'는 자연이나 생물, 인간 등 모든 존재자를 의미할 뿐만 아니라 그 존재자들을 드러내는 근원적인 힘이자 본질, 구조를 뜻한다. 이런 점에서 자연은 외적 자연뿐만 아니라 내적인 자연적 본성을 의미하기도 하므로, 문맥에 따라 직접적인 본성이라는 의미가 강할 경우 자연적 본성 또는 본성으로 번역한다.

48 전달의 충동Mitteilungstrieb은 내가 타인에게 영향을 미치려는 충

동이다. 특히 전달Mitteilung에는 어떤 것을 '함께 나눈다'는 의미와 '함께 참여한다'는 의미가 있다.

49 수용의 충동Trieb zu empfangen은 전달의 충동과는 반대로 내가 타인의 영향을 받아들이려는 충동이다.

50 유아주의Egoismus와 피히테가 주장하는 자유로운 주체의 의미를 혼동해서는 안 된다. 유아주의가 타인과의 관계를 모두 단절한 채 자신을 고립된 주체로 파악하려는 입장이라면, 피히테가 주장하는 자유로운 주체는 자신의 자립성을 유지하면서도 타인과 서로 작용을 주고받는 자율성에 바탕을 두고 있다.

51 여기서 피히테는 '마땅히 ~해야 하는sollen'과 '해도 괜찮은dürfen'의 의미를 구분해 두 가지 물음을 제기하고, 답하려 한다. 여기서 두 가지 물음은 '어떤 신분을 선택하는 것이 당위적인 일인가?'라는 것과 '어떤 신분을 선택해도 괜찮은가?'라는 것이다. 첫 번째 물음은 어떤 신분의 선택 자체가 반드시 필요한 것인지를 묻는 것이고, 두 번째 물음은 이런저런 신분 중 어떤 신분을 택할 수 있는가라는 허락의 문제이다. 여기서 피히테가 문제 삼는 것은 어떤 사람이 이 신분을 선택할 것인가 아니면 저 신분을 선택할 것인가가 아니라, 어떤 사람이 반드시 하나의 특정한 신분을 선택해야 하는가의 문제이다. 사회에서 어떤 신분을 선택하는 것은 마땅히 스스로 선택해야 할 당위적인 문제라는 것이다.

52 사회에서 신분이 다 똑같지 않은 데서 생겨나는 불평등으로, 자연의 물리적 불평등이 1차적 불평등이라면 이것은 2차적 불평등이라고 할 수 있다.

53 관심Interesse에는 어떤 존재에 간섭한다는 의미가 있다. 그래서 부정적으로는 '이해 관계'라는 의미로 해석되기도 한다. 여기서 말하는 관심은 친밀한 유대 관계에서 나오는 관심이다. 이 말은 어떤 밀

접한 관계도 맺을 수 없는 무관심의 반대어인 셈이다.

54 진리 앞에서 겸손한 것도 좋지만, 만일 너무 겸손하여 진리가 손상되도록 내버려둔다면 이러한 겸손 역시 잘못된 겸손이라는 말이다.

55 인간의 모든 욕구를 균일하게 발전시키고 충족하는 것을 염려하지 않아도 우연한 이유로 사회가 발전할 수도 있지만, 이럴 경우 그 사회는 똑같이 우연한 이유로 쇠퇴할 수도 있다. 그래서 그 사회가 우연한 이유로 발전할 것이라는 예상은 우연한 이유로 쇠퇴하지 않을 것을 전제해야만 가능하다는 말이다.

56 이 세 가지 전제가 후에 철학적 인식, 철학적이며 역사적인 인식, 역사적 인식으로 나타난다.

57 학문Wissenschaft은 단어 그대로 '지식의 체계'를 뜻한다. 그래서 지식의 체계인 학문은 단순히 지식이 집적된 것과는 다르다.

58 철학적 인식, 철학적이며 역사적인 인식, 역사적 인식을 말한다.

59 여기서 '박식Gelehrsamkeit'은 단순히 잡다한 지식이 많은 상태가 아니라, 원리적인 면과 현실적인 면이 조화를 이룬 상태를 의미한다. 학자가 추구해야 할 상태는 바로 이러한 조화 상태이다. 학자는 철학적인 원리를 기초로 현실 사회가 어떤 특정한 상황에 처해 있는지를 직시하고 그것을 원리와 연관시켜 파악할 줄 알아야 한다.

60 타인의 성실성과 숙련성은 그것이 절실하게 필요할 때에 그에 대한 신뢰의 정도도 더 높아진다는 것이다.

61 인류 전체가 갑자기 현명해지리라고 기대할 수는 없다는 뜻이다.

62 모든 사회 구성원이 각자 스스로를 목적으로 간주하고 타인들에 의해서도 목적으로 간주된다면, 이들은 모두 '함께 하는 목적'이라고 할 수 있다.

63 〈마태복음〉 5장 13~16절. "너희는 세상의 소금이다. 만일 소금이 짠맛을 잃으면 무엇으로 다시 짜게 만들겠느냐? 그런 소금은 아무

데도 쓸 데가 없어 밖에 내버려 사람들에게 짓밟힐 따름이다. 너희는 세상의 빛이다. 산 위에 있는 마을은 드러나게 마련이다. 등불을 켜서 됫박으로 덮어두는 사람은 없다. 누구나 등경 위에 얹어둔다. 그래야 집 안에 있는 사람들을 모두 밝게 비출 수 있지 않겠느냐? 너희도 이와 같이 너희의 빛을 사람들 앞에 비추어 그들이 너희의 착한 행실을 보고 하늘에 계신 아버지를 찬양하게 하여라."

64 이 네 번째 강의의 서두에서도 드러나지만, 여기서 청중은 학자가 되기 위해 학문을 생업으로 삼은 젊은이들을 가리킨다는 사실을 염두에 둘 필요가 있다.

65 학자의 신분을 말한다.

66 이 장의 제목이 말해주듯이, 피히테는 루소가 디종 아카데미가 내건 '학문과 예술 재건이 도덕을 정화하는 데 기여했는가'라는 주제에 대해 투고한 〈학문과 예술에 관한 담론Discours sur les sciences et les arts〉(1750)이라는 글을 토대로 논의를 전개한다. 또한 강의 곳곳에서 루소의 다른 저작들도 염두에 두고 있음이 드러난다.

67 이러한 논의는 루소의 여러 저작에서 확인할 수 있다. 예를 들어 루소는 《에밀》에서 다음과 같이 말한다. "만물을 창조하신 신의 손에서 나올 때에는 모든 것이 착하나, 인간의 손에 들 때에는 모든 것이 타락한다. 인간은 이쪽 토지에 저쪽 땅의 산물을 육성하려고 무리하고, 이쪽 나무에는 저쪽 나무의 과실을 맺게 하려고 무리한다. 기후와 환경과 계절 등이 한 가지인 것으로 혼동한다. 자기의 개와 말과 노예를 불구로 만든다"(J. J. Rousseau, *Emile ou de'Education*, in Œuvres complètes, vol. 1(Gallimard, 1969), 245쪽 이하 참조).

68 "어느 시대를 막론하고 사치와 무절제와 예속은 현명한 신이 부여한 행복한 무지의 상태에서 벗어나기 위해 우리가 기울였던 교만한 노력에 대한 벌이었다. 사람들은 사악하다. 그러나 만약 그들이

불행하게도 학자가 되도록 태어났다면 그들은 더욱 사악해질 것이다.…학문은 그것이 추구하는 것 때문에 전혀 쓸모가 없다. 게다가 그것이 미치는 영향 때문에 더욱 위험한 것이기도 하다. 학문은 한가한 무위 속에서 만들어졌기 때문에 무위를 조장한다"(J.-J. Rousseau, *Discours sur les sciences et les arts*, in Œuvres complètes, vol. 3, 15~18쪽 참조).

69 루소의 원칙에 따르면 모든 문화적 진보는 곧 타락이다. 그러나 동시에 루소는 타락 상태에서 인류를 도야시킴으로써 최종 목표인 자연 상태에 이르게 하려고 한다. 여기서 피히테는 이처럼 인류의 진보를 촉진하고자 하는 루소의 행동은 루소 자신의 원칙과 모순된다고 지적하고 있는 것이다.

70 루소가 자신 속에 어떤 모순을 지니고 있는지 숙고해보았더라면, 루소 자신의 행동과 사고가 모순 상태에 빠지지는 않았을 것이라고 지적하고 있다.

71 루소의 행위 방식의 모순을 해결하면 추론 방식의 모순은 자연스럽게 해결될 수 있다는 것이다. 행위 방식의 모순은 루소가 행위의 원칙으로 주장한 것과 자신의 행위 자체 사이에서 빚어지는 모순이다.

72 문화적 진보가 모든 타락의 유일한 근본 원인이라는 주장이다.

73 이것은 영원한 예견자가 루소에게 내리는 직접적인 경고의 말이자 루소의 내면에서 나오는 말이라고도 할 수 있다.

74 헤시오도스Hesiodos는 인류사를 다섯 시기로 나눈다. 첫 번째는 이상적인 시기인 황금의 족속이 지배하던 시기이다. 두 번째는 은으로 만든 족속이 지배하던 시기이며, 세 번째는 청동 족속이 지배하던 시기이다. 네 번째는 영웅의 족속이 지배하던 시기이고, 다섯 번째가 철의 족속인 인간이 지배하는 시기이다. 피히테는 이와 같은 시기 구분을 염두에 두고, 루소의 자연 상태와 관련하여 황금시대

를 언급한다. 피히테 자신은《현 시대의 특징*Grundzüge der gegenwärtigen Zeitalters*》(1806)에서 인류의 발달을 다음과 같이 다섯 단계로 나누고 있다. 첫째, 인간이 자연적인 상태에서 죄가 없는 상태, 둘째, 죄가 시작되는 시대, 셋째, 완전히 죄의 상태에 있게 되는 시대, 넷째, 이성을 시인하는 시대, 다섯째, 이성이 완전히 시인되고 정화되는 시대의 다섯 시기이다. 피히테는 자신의 시대를 세 번째 단계, 즉 완전히 죄의 상태에 있게 되는 시대로 파악한다.

75 인간이 자연 상태에서 벗어나 분별력을 갖추게 되는 상황을 아담과 이브가 선악과를 따 먹음으로써 에덴 동산에서 쫓겨난 상황에 비유한다.

76 피히테의 생애와 관련된 부분은 주로 하르트만N. Hartmann의《독일 관념론 철학*Die Philosophie des deutschen Idealismus*》중 피히테 부분을 중심으로 하고 이 책의 '더 읽어야 할 자료들'에 소개된 저서들을 참고해 옮긴이가 정리한 것임을 밝혀둔다.

77 J. G. Fichte, *J. G. Fichte Briefwechsel*, in *Kritische Gesamt-ausgabe*, gesammelt und herausgegeben von Hans Schulz, Bd. I, 333쪽을 참조하라.

78 J. G. Fichte, *J. G. Fichte Briefwechsel*, in *Kritische Gesamt-ausgabe*, gesammelt und herausgegeben von Hans Schulz, Bd. I, 352쪽을 참조하라.

79 J. G. Fichte, *J. G. Fichte Briefwechsel - Gesamtausgabe der Bayerischen Akademie der Wissenschaften*, hrsg. von Reinhold Lauth und Hans Jacob, Bd. III-2(Stuttgart: Friedrich Frommann Verlag, 1970), 153쪽을 참조하라.

80 1794년 피히테는《지식학 또는 이른바 철학의 개념에 관하여》와《청강자를 위한 원고—전체 지식학의 토대》1, 2부를 연속해서 출간한다. 이 두 책은 피히테의 지식학의 체계를 보여주는 대표적인 초기 저작이다.

81 J. G. Fichte, *Grundlage der gesamten Wissenschaftslehre*(1794), in Fichtes

Werke(Berlin, 1971), Bd. 1, 119쪽.

82 J. G. Fichte, *Grundlage der gesamten Wissenschaftslehre*, 92~96쪽을 참조하라.

83 J. G. Fichte, *Grundlage der gesamten Wissenschaftslehre*, 96쪽을 참조하라.

더 읽어야 할 자료들

강대석 편저, 《독일 관념철학과 변증법》(한길사, 1989)
이 책은 1980년 베를린에서 출간된 《변증법의 역사 *Geschichte der Dialektik*》 중 제2권 '고전 독일 철학' 부분을 바탕으로 편저한 책이다. 이 책은 우선 독일 관념론과 변증법을 간략히 소개하고, 칸트, 피히테, 셸링 그리고 헤겔의 사상을 변증법을 중심으로 소개한다. 피히테에 관한 부분은 5장을 참조하기 바란다. 그런데 변증법을 주제로 한 독일 관념론 전반을 소개하는 책들은 자칫 독일 관념론자들 각각의 철학에 대해서는 오해를 불러일으킬 소지가 있다. 왜냐하면 칸트에서 헤겔까지를 독일 관념론으로 묶기는 하지만, '변증법'을 주제로 묶는 방식이 유일한 방법은 아니기 때문이다. 따라서 이 책은 책에 소개된 내용이 독일 관념론자 개개인의 일부분적인 사상임을 염두에 두고 읽을 필요가 있다.

게오르그 W. F. 헤겔, 임석진 옮김, 《피히테와 셸링 철학 체계의 차이》(지식산업사, 1989)
헤겔의 예나 시절 저작들이 대체로 그러하듯이 이 글도 짧은 분량에 비해 내용은 비전문가가 이해하기 쉽지 않을 정도로 대단히 학문적이다.

이 저서는 헤겔이 공개적으로는 최초로 출간한 철학서로, 1장에서는 주로 철학 일반에 대한 논의가 전개되고, 2장에서 피히테 체계를 서술하고 있다. 그리고 3장에서는 셸링 철학과 피히테 철학을 비교하고 4장에서는 라인홀트의 철학을 논한다. 번역서에 원문이 함께 실려 있으니, 꼼꼼히 읽으면 피히테의 사상을 비판적으로 이해하는 데 도움이 많이 될 것이다. 뿐만 아니라 독일 관념론이 전개되는 양상을 이해하는 데도 큰 도움이될 거라 기대한다.

게오르그 홀름스텐, 한미희 옮김, 《루소》(한길사, 1997)

국내에 소개된 루소 사상의 입문서로 가장 추천할 만한 책이다. 화보와 함께 루소의 사상을 시기별로 일목요연하게 소개하고 있으며 번역도 매끄러워 초보자들이 읽기에 아주 좋다. 이 책은 '한길로로로 시리즈'에 소개되었는데 이 시리즈의 책은 비교적 초보자들이 쉽게 각 사상가들을 이해할 수 있도록 구성되어 있으므로, 루소 외의 다른 저작들도 관심 분야에 따라 읽기를 권하고 싶다.

김상봉, 《자기 의식과 존재 사유 ─ 칸트 철학과 근대적 주체성의 존재론》(한길사, 1998)

이 책은 칸트 철학을 중심으로 철학사적 맥락에서 독일 관념론을 이해하는 데 큰 도움을 준다. 플라톤에서 헤겔에 이르는 철학사에 대한 저자의 폭넓은 식견과 주제를 관통하는 철학적 문제 의식이 어우러져 있는 책이다. 독자에게 이 책 전체를 통독해보라고 권하고 싶다. 특히 3장 '피히테와 나의 존재론'과 4장 '나의 존재론에서 생각의 존재론으로'는 독일 관념론사에서 피히테 사상이 차지하는 위치를 이해하는 데 많은 도움을 준다.

니콜라이 하르트만, 이강조 옮김, 《독일 관념론 철학 I》(서광사, 1989)

이 책은 칸트 이후 독일 관념론 전반을 소개하고 있는 저명한 책이다. 1부는 칸트 이후부터 낭만주의까지, 2부는 헤겔 철학으로 구성되어 있다. 번역본에서는 낭만주의 철학까지 1부로 출간된 상태이고, 그 다음 부분은 헤겔 논리학 부분만이 《헤겔의 변증법》(형설출판사, 1991)으로 출간되었다. 독일 관념론을 처음 공부하는 이들에게 좋은 입문서이다. 이 책의 2장이 바로 피히테에 관한 부분인데, 여기서 하르트만은 피히테의 생애와 저작을 대략적으로 소개하고 지식학의 토대, 이론적 지식학, 실천적 지식학, 지식학의 후기 형식, 윤리학, 법 철학 및 국가 철학, 역사 철학 그리고 종교 철학 등 세부적인 부분들로 구분하여 피히테 사상이 발전해나가는 과정을 시기별로 일목요연하게 정리했다.

리하르트 크로너, 연효숙 옮김, 《칸트에서 헤겔까지》(서광사, 1994; 청아, 1990)

이 책은 독일 관념론의 역사를 이해하는 데 꼭 필요한 명저이다. 국내에 번역되어 출간된 부분은 칸트와 헤겔 부분이다. 칸트 부분은 서광사에서, 헤겔 부분은 청아출판사에서 출간되었다. 비록 피히테와 셸링 부분이 아직 번역, 출간되지 않아 아쉽기는 하지만, 저자가 여러 부분에서 피히테를 언급하고 있기 때문에 이미 번역된 부분만 참고해도 도움이 될 것이다. 특히 헤겔 부분 중 6장 '동일성 체계에서 정신 철학으로'에는 셸링 철학과 피히테 철학을 여러 곳에서 비교하고 있으니 참조하기 바란다.

볼프강 뢰트, 임재진 옮김, 《변증법의 현대적 전개 1·2》(중원문화, 1985/1986)

1권 《칸트로부터 헤겔까지》와 2권 《마르크스에서 현대까지》로 구성되어 있다. 칸트에서 헤겔, 마르크스를 거쳐 루카치나 사르트르 같은 현대 사상가들까지 변증법이 어떻게 전개되어왔는지를 소개하고 각 사상가들의 핵심 사상을 비교적 이해하기 쉽게 서술하고 있다. 특히 저자는 변증법을 경험 이론적 시각에서 보고 있다. 즉 형식논리학과 대립시키는 대신 주관과 객관이 경험 속에서 어떻게 종합되는가의 문제를 중심으로 변증법을 다룬다. 즉 칸트에서 헤겔에 이르기까지 각 철학자들이 경험이나 의식에 관한 학문이라는 의미에서 모두 변증법이라는 용어를 사용하고는 있지만, 경험을 이론적으로 분석하는 방법에서 그들이 각각 변증법을 통해 의미하려는 구체적인 내용이 달라진다는 것이다. 특히 피히테와 관련해서는 1권의 3부를 참조하기 바란다. 여기서 저자는 주로 피히테의 지식학의 세 가지 원칙을 집중적으로 분석한다.

오트프리트 회페 편, 이엽 외 옮김, 《철학의 거장들 3》(한길사, 2001)
본래 두 권으로 출간된 독일어 원서를 국내에서 4권으로 나누어 번역, 출간했다. 이 중 3권 '칸트에서 딜타이까지'가 주로 독일 관념론에서부터 그 후의 독일 철학을 소개하고 있는데, 이 중 두 번째로 나오는 지프 L. Siep의 '자아의 절대적인 자립성'(유헌식 옮김)이 피히테에 관한 글이다. 이 책은 간략한 입문의 성격을 띤 논문들을 위주로 구성된 것이지만, 각 분야의 저명한 학자들에 의해 씌어진 글인 만큼 적은 분량에 대단히 비중 있는 내용을 담고 있다. 국내 각 분야의 전공자들이 중심이 되어 번역했기에 일반 독자들이 읽기에 무난하다. 이 저서에 포함된 다른 글들도 권하고 싶다.

요세프 슈페크 편, 원승룡 옮김, 《근대독일철학》(서광사, 1990)
이 책은 슈페크가 편집한 《위대한 철학자들의 근본 문제들 *Grund-probleme der großen Philosophen*》중 독일 관념론에 해당하는 부분을 옮긴 것이다. 칸트, 피히테, 셸링, 헤겔, 포이어바흐 그리고 마르크스의 사상에 대해 압축적이면서도 심도 있는 논의가 담겨 있다. 통상적인 개론서들처럼 철학자의 생애나 일반적인 교과서적 지식만을 나열하는 것이 아니라 철학자들마다 각각 중심 주제를 설정함으로써 각 철학자의 사상에 좀더 깊이 있게 접근할 수 있게 해준다. 2절이 피히테에 관한 부분인데, 여기에 피히테가 모든 지식의 근원이라고 보는 양심의 문제를 중심으로 논의하는 예르기우스H. Jergius의 글을 싣고 있다. 이 글뿐만 아니라 다른 글들도 비교적 저명한 학자들에 의해 씌어진 좋은 글들이어서 참고해볼 만하다.

요한 G. 피히테, 한자경 옮김, 《인간의 사명》(서광사, 1996)
피히테 자신이 말한 것처럼 이 책은 전체 지식론의 기초와는 달리 전문적인 철학자들을 위한 저서가 아니다. 이 책은 모두 3장으로 구성되어 있다. 1장 '의심'에서는 우선 자연과 인간의 관계를 규명함으로써 인간이 어떤 존재인가라는 물음을 제기한다. 2장 '지식'에서는 물자체의 존재를 부정함으로써 1장에서 제시된 의심을 극복하는 지식을 보여준다. 여기서 인식하는 자아에게서 독립적인 물자체는 존재하지 않는다는 피히테의 일관된 주장이 개진된다. 3장 '믿음'에서는 물자체와는 달리 진정한 실재성이 어떻게 발견될 수 있는지를 해명한다. 이러한 실재성은 도덕적인 행위와 좀더 나은 세계를 위한 사명감이라는 실천적 차원에서 논의된다. 인간의 사명은 무엇이며 인간의 본질이란 무엇인가를 1인칭으로 서술하고 있는 이 책을 피히테는 독자 모두 서술자의 관점에서 읽기를 원한다. 《학자의 사명에 관한 몇 차례의 강의》에서 전개되는 인간에 관한 논의를 이해하는 데 많은 도움을 준다.

요한 G. 피히테, 한자경 옮김, 《전체 지식론의 기초》(서광사, 1996)
이 책은 피히테의 지식학을 이해하기 위해 꼭 필요하다. 물론 피히테 자신은 이 책을 통해 자신의 지식학이 완결되었다고 생각하지 않고 계속 지식학에 관련된 저서들을 집필하기는 하지만, 지식학의 기본 원리와 체계의 전체 구상은 이미 이 책에서 어느 정도 확립되었다고 할 수 있다. 그런데 이 책의 서문에서 피히테 자신도 밝히고 있듯이, 이 책은 대중을 위해 저술된 것이 아니라 매우 논리적이고 치밀하게 전개되는 철학 이론서이다. 그래서 그가 한 여러 차례의 공개 강연회의 글들보다는 이해하기가 쉽지 않다. 그러나 피히테의 핵심 사상뿐만 아니라 독일관념론의 주요 화두인 자기 의식을 이해하기 위해서는 반드시 한 번은 넘어야 할 산이니 관심 있는 분들은 조급해하지 말고 꼼꼼히 읽어보기를 권한다.

요한 G. 피히테, 황문수 옮김, 《독일 국민에게 고함》(범우사, 1991)

프랑스의 나폴레옹에게 침공당하던 당시 베를린에서 1807~1808년에 연설한 피히테의 연설문이다. 이 연설문은 14강으로 되어 있으며 비교적 대중적인 글로 프랑스와의 대전에서 독일을 패망에 이르게 한 근본 원인을 찾고, 새로운 국민 교육으로 공동체 의식을 강화하여 다시 나라를 되찾아야 한다는 당시 현실에 대한 피히테의 생각이 잘 드러나 있다. 여기서 피히테는 사람들이 흔히 오해하듯이 게르만 민족의 정치적인 민족주의를 주장하려 한 것이 아니라, 독일 민족의 국민의식을 언어철학적으로 근거를 제시하는 작업을 통해 독일 민족의 도덕적, 문화적 사명을 설파했다. 피히테의 저서 중 가장 이해하기 쉬운 책이다.

츠베당 토도로프, 이기우 옮김, 《덧없는 행복 — 루소론 환상문학 서설》(한국문화사, 1996)

저자는 루소가 지적한 근대의 문제가 해결되지 않은 채 남아 있다고 보고, 근대의 문제를 다룬 루소의 사상을 정리함으로써 현대의 여러 문제를 해결하려는 관점에서 쓰고 있다. 이해하기가 쉽지 않지만, 루소의 사상을 현대와 관련하여 짚어보려는 이들에게는 유용한 책이다.

프리드리히 W. J. 셸링, 한자경 옮김, 《철학의 원리로서의 자아》(서광사, 1999)

셸링의 초기 저작으로, 칸트와 피히테의 영향을 받아 어떤 제약도 받지 않는 절대 자아를 철학의 제1원리로 간주하고 이를 중점적으로 다룬 초기 셸링의 대표작이다. 이 책에서 셸링은 주로 칸트와 스피노자를 언급하는 반면 피히테에 대한 직접적 언급은 피하고 있는데, 이런 점을 염두에 두면 셸링은 이 시기에 이미 피히테와 대등한 입장에서 자아의 문제를 거론하고 싶어 했던 것 같다. 물론 후에 셸링은 피히테와 철학적 입장에서 분명하게 차이를 드러내지만, 셸링이 칸트 철학에서 직접적으로 영향을 받았든 피히테를 통해 자극을 받았든 직·간접적으로 피히테의 영향과 무관하다고는 할 수 없을 것이다. 이 저작을 통해 셸링은 피히테의 자아 개념에 우회적으로 접근한다.

프리드리히 카울바흐, 백종현 옮김, 《칸트―비판철학의 형성 과정과 체계》(서광사, 1992)

저명한 칸트 학자가 쓴 입문서로 시기별로 나누어져 있어 칸트 사상 전반을 이해하는 데 좋다. 물론 입문서적인 성격이 강해 각 주제에 대한 깊이 있는 논의는 부족하지만, 방대한 칸트 철학 체계와 주제가 일목요연하게 정리되어 있다는 점에서 권할 만하다. 이 책과 함께 백종현 교수가 최근에 펴낸 《존재와 진리―칸트 '순수 이성 비판'의 근본 문제》(철학과현실사, 2000)도 함께 읽기를 권한다. 특히 《순수 이성 비판》과 관련한 카울바흐의 논의가 부족하다면 이 책을 참조하면 도움이 될 것이다.

한자경, 《자아의 연구―서양 근·현대 철학자들의 자아관 연구》(서광사, 1997)

이 책은 칸트 전문가인 저자가 데카르트에서부터 라캉에 이르는 근·현대 철학자들의 자아관에 대해 저술한 것이다. 특히 2부가 독일 관념론자들의 자아관에 대한 부분인데, 이 중 7장이 피히테에 관한 부분이다. 여기서 저자는 피히테의 지식학에 등장하는 자아를 무한과 유한의 관계 속에서 논하는데, 피히테의 지식학을 접해보지 못한 독자들은 이 글을 통해 대략적으로 피히테의 자아관을 살펴볼 수 있다. 이 저서와 더불어 저자가 불교 등 서양 철학 외의 분야와 관련시켜 자아에 대해 논하고 있는 《자아의 탐색》(서광사, 1997)도 참고하기 바란다.

한자경, 《칸트와 초월철학―인간이란 무엇인가》(서광사, 1992)
인간의 본질에 대한 물음을 중심으로 이론 철학과 실천 철학에 초점을 맞추어 칸트 철학을 상세히 소개한다. 《순수 이성 비판》과 《실천 이성 비판》을 중심으로 칸트 철학을 공부하려는 이들에게 많은 도움을 주리라 생각한다.

옮긴이에 대하여

서정혁 seocrates@hanmail.net

부산에서 2남 3녀 중 막내로 태어나, 고등학교까지 부산에서 학업을 마쳤다. '6·10항쟁'의 여파가 채 가시지 않은 1988년 봄에 '올림픽' 준비가 한창이던 서울로 상경해 연세대 철학과에 입학했다. 연세대 철학과 대학원에서 칸트 철학으로 석사 학위를, 헤겔 철학으로 박사 학위를 받았다. 박사 학위 논문 주제는 〈헤겔의 철학에서 '삶' 개념〉이었으며, 이 논문은 그해 '연세대 대학원 우수논문상'을 받기도 했다. 연세대 철학연구소 등에서 연구원을 지냈으며, 현재는 숙명여자대학교 리더십교양교육원에 재직하면서, 철학뿐만 아니라 사고와 표현에 관련된 교양 교육 분야에도 관심을 가지고 '글쓰기', '토론' 등의 과목을 가르치고 있다. 지은 책으로는 《철학의 벼리》,《논술교육, 읽기가 열쇠다》,《논증과 글쓰기》(공저) 등이 있고, 옮긴 책으로는 헤겔의 《미학 강의(베를린, 1820/21년)》,《예나 체계기획 III》,《세계사의 철학》,《법철학 강요》 등이 있으며, 헤겔 철학을 비롯한 독일 관념론뿐만 아니라 교양 교육, 의사소통 교육에 관한 다수의 논문들을 썼다. 당분간 헤겔 철학 중 '미학'에 대한 연구와 '인문교양'에 관한 연구 및 강의에 집중할 예정이다.

학자의 사명에 관한 몇 차례의 강의

초판 1쇄 발행 2002년 1월 1일
개정 1판 1쇄 발행 2023년 5월 4일
개정 1판 2쇄 발행 2024년 4월 12일

지은이 요한 G. 피히테
옮긴이 서정혁

펴낸이 김준성
펴낸곳 책세상
등록 1975년 5월 21일 제2017-000226호
주소 서울시 마포구 동교로23길 27, 3층 (03992)
전화 02-704-1251
팩스 02-719-1258
이메일 editor@chaeksesang.com
광고·제휴 문의 creator@chaeksesang.com
홈페이지 chaeksesang.com
페이스북 /chaeksesang **트위터** @chaeksesang
인스타그램 @chaeksesang **네이버포스트** bkworldpub

ISBN 979-11-5931-923-5 04080
    979-11-5931-221-2 (세트)

* 잘못되거나 파손된 책은 구입하신 서점에서 교환해드립니다.
* 책값은 뒤표지에 있습니다.